关键对话系列

［美］

科里·帕特森 Kerry Patterson
约瑟夫·格雷尼 Joseph Grenny
戴维·马克斯菲尔德 David Maxfield
罗恩·麦克米兰 Ron McMillan
艾尔·史威茨勒 Al Switzler

著

毕崇毅 译

关键冲突

如何化人际关系危机为合作共赢

CRUCIAL
ACCOUNTABILITY

Tools for Resolving
Violated Expectations,
Broken Commitments,
and Bad Behavior
2nd Edition

原书
第2版

机械工业出版社
CHINA MACHINE PRESS

Kerry Patterson, Joseph Grenny, David Maxfield, Ron McMillan, Al Switzler. Crucial Accountability: Tools for Resolving Violated Expectations, Broken Commitments, and Bad Behavior, 2nd Edition.

ISBN 978-0-07-183060-7

Copyright © 2013 by VitalSmarts, LLC.

All Rights reserved. No part of this publication may be reproduced or transmitted in any form or by any means, electronic or mechanical, including without limitation photocopying, recording, taping, or any database, information or retrieval system, without the prior written permission of the publisher.

This authorized Chinese translation edition is published by China Machine Press in arrangement with McGraw-Hill Education (Singapore) Pte. Ltd. This edition is authorized for sale in the Chinese mainland (excluding Hong Kong SAR, Macao SAR and Taiwan).

Translation Copyright © 2024 by McGraw-Hill Education (Singapore) Pte. Ltd and China Machine Press.

版权所有。未经出版人事先书面许可，对本出版物的任何部分不得以任何方式或途径复制传播，包括但不限于复印、录制、录音，或通过任何数据库、信息或可检索的系统。

此中文简体翻译版本经授权仅限在中国大陆地区（不包括香港、澳门特别行政区及台湾地区）销售。

翻译版权 © 2024 由麦格劳 – 希尔教育（新加坡）有限公司与机械工业出版社所有。

本书封面贴有 McGraw-Hill Education 公司防伪标签，无标签者不得销售。

北京市版权局著作权合同登记　图字：01-2013-7155 号。

图书在版编目（CIP）数据

关键冲突：如何化人际关系危机为合作共赢：原书第 2 版 /（美）科里·帕特森（Kerry Patterson）等著；毕崇毅译 . —北京：机械工业出版社，2024.3（关键对话系列）

书名原文：Crucial Accountability: Tools for Resolving Violated Expectations, Broken Commitments, and Bad Behavior, 2nd Edition

ISBN 978-7-111-75091-8

Ⅰ. ①关…　Ⅱ. ①科…　②毕…　Ⅲ. ①人际关系学 – 通俗读物 Ⅳ. ① C912.11-49

中国国家版本馆 CIP 数据核字（2024）第 032650 号

机械工业出版社（北京市百万庄大街 22 号　邮政编码 100037）
策划编辑：刘　静　　责任编辑：刘　静　张　昕
责任校对：张爱妮　陈立辉　　责任印制：单爱军
保定市中画美凯印刷有限公司印刷
2024 年 7 月第 1 版第 1 次印刷
130mm×185mm · 10.25 印张 · 3 插页 · 202 千字
标准书号：ISBN 978-7-111-75091-8
定价：75.00 元

电话服务　　　　　　　　　　网络服务
客服电话：010-88361066　　机　工　官　网：www.cmpbook.com
　　　　　010-88379833　　机　工　官　博：weibo.com/cmp1952
　　　　　010-68326294　　金　书　网：www.golden-book.com
封底无防伪标均为盗版　　　　机工教育服务网：www.cmpedu.com

谨以此书献给

全世界最杰出的领导者，

勇敢而富有技巧的管理者、监督者、合作者、团队成员、

父母、同事和技术人员，

是你们勇于直面棘手甚至是充满敌意的关键冲突，

是你们应用巧妙的方式一次次成功地使问题得到解决。

感谢你们提供的精彩案例，感谢你们帮助我们学习和成长。

| 赞　誉 |

"本书的革命性观点充分说明，我们可以把潜在的人际关系危机转化为实现突破的机会。本书的智慧观点不仅能帮助我们拯救存在冲突的人际关系，还可以通过强化社会根基的方式来巩固整个世界的和谐，这些根基正是我们的家庭、邻里、社区和工作环境。"

——史蒂芬·柯维，《高效能人士的七个习惯》作者

"本书提供的工具和概念在帮助企业领导管理变革和改善结果方面经证明是非常有效的。我们期望这本新的作品能为我们带来更大的惊喜，能更好地推动人们承担责任。"

——麦克·雷登堡，贝尔直升机公司首席执行官

"当别人让你失望时，你的人际关系会受到最大的考验，但很少有人意识到此时也是提升人际关系的最大机遇。通过学习本书，你可以让人际关系或企业释放出真正的潜力，使其进

入全新的阶段。学会如何面对关键冲突，你就不用再为选择爆发还是沉默而头疼了，本书会教会你如何做到双赢。"

——肯·布兰佳，《一分钟经理人》和

《管理者的秘诀》合著者

"我可没工夫闲扯，本书绝对物有所值，它能帮读者马上应用其中的工具。几位作者花费一万多小时来观察那些非常擅长关键冲突对话并成功将其转变为提升人际关系的个人，向我们讲述了如何掌握这种微妙的艺术。建议读者一定要细读深思，此书对你大有裨益。"

——麦克·穆雷，微软人力资源管理部副总裁（已退休）

"急躁鲁莽的球员、脾气暴烈的裁判、精力过剩的教练、坐立不安的球队老板——你们要小心了，别再惹出更大的麻烦！幸好，我们有了这本书，它能教我们如何跟对方更好地打交道，而不是只会扯着嗓子咆哮。"

——丹尼·安吉，波士顿凯尔特人队执行董事

"实言相告很容易，隐忍不发亦非难事，但是想在诚实面对问题的同时保持对对方的充分尊重却需要非同一般的技巧。本书为读者提供的正是这种实用技巧，它重新诠释了人们在工作和家庭生活中和他人处理人际关系的方式。可以预言的是，

当本书成为每个人的必读作品时，整个社会的生产率与和谐繁荣景象必将发展到一个新的高度。"

——哈里·保罗，《鱼：一种激发工作热情的
绝妙方法》合著者

"我曾亲眼看到这本书中的理论为企业带来巨大而积极的改变。需要指出的是，本书并不是为那些胆小怯懦的管理者撰写的，它同样适用于企业的首席执行官，需要每一个管理者表现得更为开放，彻底消除人们掩盖失误的种种长期借口。它还能创造出一个新的环境，一个让人们敢于直面棘手问题的环境。书中的观点确实有效，能深刻地影响人们的表现结果。因此，我强烈向读者推荐此书。"

——鲁赛尔·托尔曼，库克儿童保健公司总裁兼首席执行官

"本书充满深刻见解，几位作者在深入研究的基础上，根据对心理机能的认识提出了一整套令人信服的人际关系应对技巧。想想那些颇有天赋的领导者、优秀的父母和出色的夫妻，他们无一不在利用这些技巧。因此，要想提升你的人际关系，在社会交往中做到无往不利，本书绝对是必读之作。"

——菲利普·津巴多博士，作家，
PBS 系列节目《心理探索》主持人
美国心理学会前任主席，斯坦福大学心理学教授

"我认为在我的职业生涯中，对于改善医疗行业的人际互动关系而言，本书提出的可以改变生活的技巧具有无与伦比的重要意义。我深信，如果所有医疗服务机构都能采用书中提出的理论，患者的医疗安全和满意度等问题必将得到巨大的改进，这一点正是医疗行业迫切需要的。"

——旺达·约翰逊，美国急救护士协会会长

"为保持学习型文化，《关键对话》和《关键冲突》中提出的工具是每个人都必须掌握的。我建议每个读者都认真阅读，从中找出能够提升团队效力的最佳手段。"

——夏洛特·罗伯茨，《第五项修炼》合著者

"目标清晰且连贯的沟通可以在企业中制造奇迹，但前提是管理者必须有胆量和技巧设定明确的期望值，同时让每个员工担负起相应的责任。如何解决棘手问题，寻找真正有效的解决方案？无疑为领导者提供了简单实用的管理工具。"

——昆特·史图德，史图德集团首席执行官，
《落实卓越》《关键冲突》作者

"语言和对话对改变人类生活的重要影响自不待言，本书为我们提供了一种经过实证的有效手段，这种手段可以帮助我们和他人形成更为真实的人际关系，为整个世界带来更多

关爱和理解。"

——彼得·布洛克，《完美咨询：咨询顾问的圣经》

《去做就是了》作者

"本书不但说明了承担责任的重要意义，而且列出了实现这个目标的具体步骤。对于那些总喜欢把责任挂在嘴边却无力付诸行动的人来说，本书是他们的必读之作。可贵之处在于，本书并非只提出泛泛的概念型方案，而是指出了每个人都可以应用的简单实战技巧。"

——保罗·麦金农，花旗集团人力资源部主管

"紧随《关键对话》之后，几位作者又推出了这部新作，为如何快速有效地推动个人绩效和企业成功提供了实用工具。本书是我的个人书架上最值得推荐和最有效的作品。"

——史黛西·弗思，福特加拿大公司人力资源部副总裁

| 推荐序 |

在阅读本书时，我的脑海中不时闪现出这样一幅画面，即詹姆斯·沃森和弗朗西斯·克里克不懈探索生命奥秘，最后终于解开了 DNA 双螺旋结构之谜，世界从此变得和以往不再相同，这两位科学家也因此登上了诺贝尔领奖台。

虽然我不清楚本书作者能否接到诺贝尔奖委员会的确认电话，但我相信就本书对人类所做的辉煌贡献而言，要获得这样的奖项简直易如反掌。

有人会想，这么说太夸张了吧！

我说得一点儿也不夸张。

战争与和平、健康与严重的生理和心理不适、结婚与离婚、惨痛失败与巨大成功……所有这些深刻问题的核心都取决于同一个基础——人际关系的正常运转或失灵。无论是夫妻两人，还是只有 20 张桌子的小餐厅；无论是规模不大的企业部门，还是大型机构；无论是一支部队、一家《财富》50 强公司，还是濒临战争或种族灭绝的国家，莫不遵循这一潜在规律。

我认为本书作者的伟大贡献可以与沃森和克里克比肩，这是因为他们发现了组织关系 DNA 中的基本要素，即有效解决"关键冲突"的秘密。

在当今社会中，以销售管理理念为业的著名专家可谓多矣。有人说："只要战略正确，其他环节便可水到渠成。"有人说："战略不过是一知半解的噱头，只有核心业务流程才能决定成功还是失败。"还有人认为，企业能否成功，组织效力能否发挥作用，取决于领导者的选择，这才是最重要的因素。

毫无疑问，这些莫衷一是的观点显然都有些道理（多年来我也曾坚定地支持过其中的某些立场）。但它们似乎又都不对，这些致力于分析组织成果差异的言之凿凿的理论好像并没有触及问题的实质，企业杰出成就的组织密码似乎至今仍未得到破解。

没错，这就是我如此看好本书的原因。（这或许是因为，尽管我有无比绝妙的战略，可这些战略每次都在和同事或员工的冲突中瞬间化为泡影。）

既然本书如此实用，那为什么现在才出现呢？我想这大概是时机问题。长久以来，我们早已习惯于更为宽容的世界环境。战争鼓动活动的影响可以持续数十年，企业郁积的效率低下需要很久才能燃起熊熊的革新烈火，令人压抑的婚姻往往经年累月地消磨着我们的活力却得不到任何改变。

现在，这一切都将得到有效的改变。市场是冷酷无情的，无论是利用新产品扰乱市场还是利用脏弹搞恐怖袭击，只需一击我们便会出局。有鉴于此，可持续型组织效力是当前企业和机构迫切需要实现的当务之急（这种组织效力和人际关系效力非常相似），从中情局到沃尔玛总部莫不如此。

本书提出了非常新颖的观点，是管理革新方面的一个大胆突破，这一点是毋庸置疑的。但是它的特点并不仅限于此，和其他科学研究一样，本书是根据大量研究数据得出的观点，并非作者的主观臆断。可以说，本书以极富想象力的方式将过去半个世纪心理学和社会心理学研究的精华加以应用，对人际关系中的表现和信任等重要问题提出了明确定义的观点——关键冲突，以实现提升或终结人际关系效力和组织效力的目的。

本书提出的观点非常深刻，研究结果的应用巧妙熟练，叙述和解释内容清晰流畅，富有吸引力。此外，书中的另一个特色是把研究和叙述娴熟自然地转化成实用的观点和建议，对于长期以来无法实现效力提升的人来说，其现实指导意义可谓相当深刻。

最后补充一句，如果你正在寻找"管理学"作品，我坚决推荐这本《关键冲突》，这大概是十年来最好的书了。

汤姆·彼得斯

| 前 言 |

　　本书是继《关键对话》之后推出的作品。听说过、购买过或阅读过《关键对话》一书的读者可能会心生疑窦："关键对话和关键冲突有何不同？"对此我们非常乐意做出解答。

　　它们的区别在于，关键对话解决的是意见不同、情绪激烈的高风险互动行为，关键冲突解决的是此类行为的一个分支。后者解决的是，当双方达成一致意见，对彼此做出承诺，即一切步入正轨时，其中一方未能兑现承诺的问题，它的特征是应对失望的结果。

　　所有的关键冲突对话都源自同样的问题——"为什么你不遵守承诺？"此类问题的顺利解决，不只在于找到有效的处理方法，更重要的是能以一种合理的方式促进对方信守承诺，同时使双方的关系得到进一步巩固。简言之，关键冲突对话指的是那些令人愤怒、高度复杂、让人夜不能寐的有关错误行为表现的对话。

当然，两本书也有相关之处。本书应用的原则即源自《关键对话》，因此书中会不时提到前一部作品中的一些重要观点。当然，本书所有的材料都是全新的，和第一部作品绝无雷同之处。我们坚信，只要你阅读本书并将其中的观点加以实践，下次面对关键冲突时你一定能更加得心应手。

CRUCIAL
ACCOUNTABILITY

| 目 录 |

当棘手的问题同时涌现时，我们需要考虑的第一个问题
是：哪些是关键冲突中的核心问题？

在对方做出错误的行为时，切忌主观臆断，这容易放大别

人的缺点而让自己陷入理直气壮的愤怒情绪。我们应通过六种影响力模型分析行为的根源，还原事情的本质。

择此时要解决的正确问题。专注是一次解决一个问题，解决完新问题后，再回到未完成的老问题。

第三部分

展开行动：解决关键冲突之后的行为

制订行动计划，明确何人何时担负何种责任，对任务实施检查监督。

具体步骤总结为选择目标和意义，梳理头绪，问题描述，制造动机和简化问题，制订行动计划和后续检查方案，灵活关注。

何谓关键冲突

我的问题是喜欢把所有问题都压在心底，我无法
表达愤怒，而是慢慢在内心郁结痛苦。

——伍迪·艾伦

直面违反公德的行为

这种事恐怕人人都会遇到，你正老老实实地排着队，突
然有个家伙径直插到了你前面。"有没有搞错!"你觉得是时
候表达一下自己的看法了。

"嘿! 你怎么回事? 怎么插队啊?"

为了强调对方的错误，你用手指了指队尾的方向，示意
对方站到那里去。这下子，人人都知道你是来真格的了。

面对错误行为大义凛然地与之斗争，似乎这种勇气人人

都有。几年前我们曾在某商场进行过一次调查，询问人们会不会在面对插队者时挺身而出，大部分人都表示肯定会，谁也不想当胆小鬼。后来，我们在一个电影院进行了试验，安排人故意去插队，结果发现没有一个人敢站出来反对。真的，一个人都没有！

当然，在我们的研究对象中，并不是所有人都保持绝对缄默。有些人会对插队者侧目相视，或是和身边的朋友窃窃私语。显然，他们保留了在插队者背后表达愤怒的权利。

接下来的一幕更富戏剧性。经过不断尝试，我们让不同年龄、性别和个头的人反复扮演插队者，最后终于有一位女士主动开口了。她拍了拍前面那位女性插队者的肩膀，问道："呃……你的头发是在哪家店做的呀？"

心理作用

后来我们对受访者进行了询问，问他们为什么在面对违反社会公德的行为时保持沉默。大多数人表示，事件发生时他们在大脑中进行过权衡，结果认为不值得为这种小事挺身而出。毕竟，插队只是个无足轻重的小问题，如果闹翻脸反而会惹上大麻烦。于是，他们便选择了隐忍。

我们继续进行调查，这一次来到大学图书馆，在自习生旁边制造噪声。同样，没有人对此表达任何看法。试验人员在一处非常安静的地点大肆喧闹，几乎像是开了一场派对，可仍然没人起身反对。这里可是图书馆，我们制造了很大的喧哗，可还是什么事都没有发生。

我们干脆坐到这些同学身边闹腾，结果还是没有任何直接对话。后来，我们来到学生会，在餐厅里坐到用餐者旁边，询问他们伙食如何，然后干脆从对方盘子里抓起薯条和馅饼品尝起来——结果还是没有几个人声张。

尽管这些研究对象表现出的被动和顺从令人吃惊，但实际上，面对违反个人利益行为时的沉默表现不但适用于大多数人，而且数十年来这种现象几乎从未改变过。为此，我们进行了30年的系列研究，拍摄了很多录像，试图解释这一社会现象。我们在拍摄现场把摄影机隐藏起来，请演员做出一些奇怪、违反社会公德或是有损礼仪的行为，观察民众的反应，然后将其录制下来。

我们发现，即便是在面对比上述情况更古怪的状况时（如冒充绑架，在人行道上有人突然摔倒，发表种族主义言论等），绝大多数旁观者仍会保持沉默。直到有人出现生命危险时才会有旁观者上前反对阻止，但大多数人还是不置可否。

换个角度来考虑，如果这些行为不是虚构的，不是研究实验或电视节目，而是真实且充满风险的情景，当大家保持沉默真的会有人出现生命危险时，情况又会怎样呢？对于在这种情况下保持缄默的人，你会有何感想？或者在明知保持沉默会对他人造成伤害的情况下，你会不会选择这样做？

要回答第一个问题并不困难，到附近的医院看看就知道了。在西方国家医院的每个病房门口都装有按压式消毒液，按照医院规定，每一位护理人员进入病房前都必须用消毒液洗手，以免向患者传播病菌。

比方说，今天这位医生刚刚检查完三位患者，他们得的分别是霍乱、脑膜炎和黄热病。现在，医生正准备到你岳父的病房做检查（触检）。你看着他走向病房，对门口的消毒液视若无睹，马上就要进入房门了。还好，算你幸运，旁边的随访护士注意到了这个问题，她肯定会提醒医生的。

可结果真的如此吗？

实际上，大部分护士都会装作什么也没看到。在这个问题上，心理作用又一次发挥了效果。没错，护士的确应该提醒医生为病患负责，但这样一来医生可能会不高兴，甚至因为对方提醒这样的小失误感到气愤。天知道心中压抑怒火的医生会不会把工作搞砸。再说了，病菌传播也是有一定概率的，并不是100%会传播给患者。而且，说不定医生已经洗过手了，只不过护士碰巧没有看到而已，这种情况也不是没有可能。瞧，经过这一番思想斗争，原本应该负责的护士很可能会选择面对错误行为保持沉默。

沉默的大多数

好吧，为了证明我们不是蓄意抹黑医疗行业，可以准确地说，面对他人违反规定而不敢声张的习惯绝不仅限于医疗领域，它们在其他地方也屡见不鲜。自从我们在商场展开此类行为调查，30多年来我们一直致力于研究人们勇于行动和改进责任问题的意愿程度。研究结果发现，很多情况下人们都不会对违反承诺、言而无信、行为乖张或违背期望的举动挺身而出，仗义执言。

例如，2/3 的受访者表示不愿参加家庭聚会，因为总会有亲戚做出令人不快的事，可从来没有人当面指出问题。即使有人指出问题，最终也免不了演变成一番口水仗。于是乎，大家学会了视而不见，默默忍受压力，巴不得马上离开聚会。[1]

与此类似，在我们的调查中，绝大多数职员不愿在工作中讨论政治，因为同事在表达观点时往往表现得咄咄逼人、令人厌恶。为了避免和对方陷入对骂，他们只好对政治讨论退避三舍。[2]

说到工作场合的沉默现象，根据我们的调查，93% 的人每天要和"刺儿头"打交道，但从来没有人让对方承担应负的责任，原因是大家都觉得这样做太危险。[3] 说到高风险行为，每天都有成千上万的人眼睁睁地看着同事违反各种安全操作规定，但他们毫无例外地选择了沉默。毕竟，你肯定不愿让同事丢面子，因此不会当面指出他们的错误做法。这样做可行不通，你可不想让大家觉得自己假清高。

可是这样就能解决问题吗？在调查中，超过 70% 的项目经理坦言根本无法按时完成任务，原因是项目启动时的时间安排不合理，但没有一个人对此表示异议。没有人起身对老板说："选择交付日期时能否征求一下我们的意见？"当跨部门团队成员有可能因为无法兑现承诺而危及项目进度时，经调查我们发现，实际上每个成员都有机会和领导开诚布公地讨论责任分工问题。[4]

实际上，沉默造成的危机在我们的日常生活中并不罕见。1982年1月13日上午，一架大型喷气式客机坠毁在连接华盛顿和弗吉尼亚州的大桥上，机上79名乘客只有5人幸运逃生。经调查，这起事故的原因是飞机起飞前机翼上积累了大量冰块。当时，副驾驶员注意到并提出了这个问题，但由于建议被机长忽视，再加上他不敢和对方当面冲突，最终74条鲜活的生命永远地消逝了。[5]

再来看一个更加惨痛的案例。1986年挑战者号航天飞机起飞后不久发生巨大爆炸，事件震惊了整个美国。后来的调查表明，有几位工程师曾对O型密封圈的质量感到担心，但由于害怕被上级责怪，最终他们选择了沉默不语。[6]

为什么会出现这种情况呢？原因是在特定的场合面对特定的人时，我们都不愿"找麻烦"。不愿给老板、机长、医生、同事或亲戚，甚至不愿给插队者找麻烦。

解决之道

怎样才能改变这种经常困扰我们的思维定式呢？有没有一种方法可以扭转这种错误的得失分析，让面对错误行为时习惯于保持沉默的人勇于承担责任呢？

要回答这个问题，我们得回到最初的调查活动，即很多人都认为没必要当面质问插队者的错误行为。如果我们让其他排队者用准备好的台词应付插队者，情况会怎样呢？如果我们在众人面前上演一出成功的沟通画面，他们会转变思维方式，进而主动和插队者讨论错误行为吗？

为此，我们对研究设计进行了调整。在第二轮插队情景中，我们的一位同事在电影院门口正常排队，另一位同事径直插到他的身前。这一次前者不再保持沉默，大声对插队者说："嘿，后面排队去！"然后，插队者马上道歉并灰溜溜地走到队伍的最后面。

这种示范作用能否发挥功效呢？我们等了几分钟，然后安排人插到刚才那位"暴脾气"同事身后的位置。现在我们想知道的是，插队者身后的人会不会挺身而出，甚至用和刚才的同事一样的话语质问这种错误行为呢？事实证明这一招的确奏效，插队者不得不道歉并回到队尾。看来，这一次人们的思维方式出现了某种变化。

但是，这种影响显然还不够显著。尽管很多人都观察到了这一幕，但他们当中没有人想和插队者当面争执。对于这一点，受试者的解释是不想表现得像那位粗暴的同事一样。显然，这也是大多数人面对错误行为时宁愿保持沉默的部分原因。他们不愿表现粗鲁，不愿轻易发生争执以免演变成激烈的对骂。他们深知粗暴言语的伤害力，在这种情况下，让他们使用这种方式应对问题，既不会改变其思维方式也不会改变其行为方式。

实际上，大部分人习惯于沉默忍让，究其原因也是出于类似的考虑。面对错误行为，他们曾失望过，替人背过黑锅，受到过不公正的待遇，直到有一天终于忍无可忍，当问题再次出现时，他们会彻底失去控制。他们会一反沉默的常态，扯起嗓门朝亲戚喊骂，对同事大叫大嚷，或是在老板面前表现得自以为是。毫无疑问，他们很快就会惹上麻烦了。

下面的情形你肯定也见识过。有些人总是违反承诺，让你感到讨厌。一开始你总是以德服人，直到有一天终于忍无可忍。于是，你开始用最难听的话攻击对方。斥骂对方固然痛苦，可是你很快发现情况有些不对，因为办公室里的每个人都在吃惊地盯着你，而不是那个犯错的家伙。这下子，你反倒成了掀起风波的人，事情怎么会变成这样呢？

吸取了这个教训，你的思考方式出现了变化，重新退回到毫无希望的另一个极端——沉默。你得出的结论是，就算哑巴吃黄连也比在众人面前出丑要强。这样一来，你就更不清楚什么时候该直接讨论别人的错误行为了。

总而言之，我们大多数人都曾对他人的错误行为感到过失望，都曾遭受过别人的不公正对待，也都曾尝试过两种失败的应对方法。第一种方法是，我们对错误行为保持缄默，任其变得愈加猖狂。第二种方法是，我们冒失地和对方展开争执，结果却带来了新的问题。因此，我们就像一只被困在两个极端之间无法动弹的小白鼠，不管怎么做都会受到伤害。实际上，对于他人的错误行为我们当然不能保持沉默，但同样也不能对他们恶语相加或粗暴对待，因为这样只能让问题变得越来越严重。

有了这个认识，我们对试验方式进行了新的调整。这一次，我们为排队者设计了有效的应对方式，要求我们的同事用直接且得体的方式和插队者进行沟通。他们会有礼貌地说："不好意思，你大概没注意到，我们已经排了 30 分钟的队了。"（注意语调和无罪推定原则的运用。）插队者连忙道歉，然后走到了队列的尾部。

在上演完这一幕之后，我们等待了几分钟，然后对其他排队者故技重施，看他们这一次会做出怎样的反应。有了更好的表达方式，试验对象的思考方式会不会出现积极变化，最终让他们勇敢地直面他人的错误行为呢？或者他们依然会保持沉默，装作什么也没看见？毕竟，除了耽误几分钟排队时间之外，第二种选择并不会付出多大代价。

这一次，我们发现超过 80% 的试验对象都主动和插队者进行了沟通，不过他们使用的说法基本上和之前听到的差不多，都是："不好意思，你可能没注意到……"

这个结果实在是太神奇了！只要提供合适的对话内容和对话方式，饱受他人错误行为困扰的人会出现显著的思维方式变化。更重要的是，他们的行为也会出现转变，因为他们真实地意识到，面对错误行为和违反承诺的表现，有礼有节地和对方进行对话才能更好地保护自己的利益。有了这种新的认识，他们的行为当然会发生变化。

关键冲突

说了这么多，我们总算找到了鼓励人们勇于面对问题，帮助犯错者承担责任的方式。别高兴得太早，我们的研究探讨的不过是生活中一个很小的、利用礼貌态度就能化解冲突的问题，因此人们不会觉得尝试一下有什么风险。说到帮助犯错者承担责任这个问题，我们只不过刚刚迈出一小步而已。

如果关键对话涉及的是更为严重、更为复杂的冲突会怎样呢？如果仅凭礼貌话语无法解决问题，你还能让对方认识到错误并承担起责任吗？我们能否快速实现从一小步到一大步的飞跃呢？

机会很快就来了。插队案例刚结束不久，我们接到了美国中部一家大型制造工厂打来的电话。这家工厂的经理向我们抱怨，在他的工厂中让员工对问题负责简直比登天还难。

"我们这儿的问题人物真让人头疼。"经理对我们说。

"简直是不折不扣的刺儿头。"人事经理也一脸无奈。

这可是个好机会。虽然我们相信关键冲突对话技巧（在合适场合下）是可以习得的，但如果你指出问题时对方缺乏改正错误的动机怎么办？对方不知道该怎么做怎么办？或者对方提出新的问题，或是一听到你谈这个就发火该怎么办？换句话说，当对话展开但情况变得越发复杂时，怎样才能让对方为自己的错误行为负责呢？

沟通大师

为了解解决关键冲突的复杂对话是如何展开的，我们向经理询问厂内有没有成功做到这一点的管理人员。如果有，我们很想观察他们具体是怎么做的。

一开始，经理说手下的监工基本分为两类。第一类对员工放任自流，他们和员工关系不错，但工人们的业绩平平，因为这些监工很少追究员工犯错的责任。第二类善于解决问题，不过手段较为简单粗暴，往往导致员工士气低下，业绩表现也不尽如人意。

然后，他话锋一转，提到了几位与众不同的管理者，他们不但善于让员工对自己的行为负责，而且行为方式不卑不亢，还能有效改善和员工之间的关系。他们从不耍"官威"，而是利用真诚有礼的方式和对方沟通，直到问题得到圆满解决。

自此，我们开始了对沟通大师的研究。沟通大师指的是这样一群人，他们每天遭遇和其他人一样的问题，但不同之处在于他们能够以非常理想的方式解决问题。在充满挫败感的生活中，我们意识到有些人非常善于应对危机，我们要做的是观察他们的行为，找出他们和其他人的不同之处，然后把他们的成功做法发扬光大。简而言之，我们的计划就是学习先进，分享经验，最后让整个组织机构都能学会如何以健康的行为方式，应对重要而棘手的关键冲突问题。

这个方案的确值得一试。如果能从中找到有效的关键冲突应对技巧并将其发扬光大，人们就会关注这些技巧的运用，直至最终改变其思维方式。假以时日，随着新的积极观点的形成，他们肯定会和对方毫不犹豫地展开关键冲突对话。

接下来的几个月，我们一直在观察和对比沟通大师和其他管理者之间的行为差异。我们成功了，通过细致入微的观察，我们终于发现了他们在日常工作中经常运用的沟通技巧。

比方说，你在工作中向同事指出存在问题，但对方压根儿就没打算改变自己的行为："有啥大不了的?"你的同事一脸不屑。

对于这个问题，一般人不是展开说教就是抛出言语威胁，而沟通大师的做法则完全不同。

当然，你的同事不愿做出改变，也可能是因为存在能力障碍："哎，我都试了好几次啦，可就是搞不明白怎么用这个软件。"

遇到这种情况，大多数人马上会跳出来，手把手地教对方该怎么做。不过，沟通大师往往不这么想问题。

还有这样的情况，你的同事可能会突然情绪失控，开始对你发飙："你管得着我吗?"

这种反馈多半会招致一番苦口婆心的长篇大论，可实际上，沟通大师绝不会这么做。

经过一点一滴的总结，我们的研究小组终于找到了成功之道，将其整理成一套培训教材，在全球范围内帮助数以万计的人掌握了关键冲突应对技巧。为了和更多的人分享这一经验，我们最终创作了本书。

这本书对我是否有用

经过数十年的细致研究，我们共总结出 20 多种关键冲突应对技巧。在适当的场合下应用这些技巧，能有效帮助我们面对和解决关键冲突问题。在这里有两个问题需要考虑，一是习得这些技巧后人们会不会主动使用，二是如果人们会主动使用，这些技巧能否带来更好的问题解决结果。

教导人们掌握沟通大师的做法，其重要作用不言而喻。当然，很多人只是随便翻翻这本书，这样根本不会带来任何改变。有些人或许会尝试其中的某些技巧，对于解决问题显然也不会有多大成效。只有当个人（以及整个组织机构）认真阅读、实践和定期应用书中总结的最佳做法时，才能体会到由此带来的巨大改变。

以刚才的工厂为例，经过一年的最佳实践培训，人们不但学会了如何以直接和专业的方式应对责任问题，而且在上一年的基础上实现了 4000 多万美元的利润增长。在问到其中的原因时，工厂经理解释道："现在问题一出现我们就能马上发现并解决，根本不会出现失控的局面。我们的做法不但能有效解决问题，还能很好地强化人际关系。"

经过这次成功试验，我们在数十家企业进行了进一步验证，结果表明这套方法既可以展开关键冲突对话，又能够保证员工的绩效表现。下面是我们从 VitalSmarts 案例研究中总结的一些发现：

- 在督促员工遵守安全制度（如出入病房按规定洗手）方面，医院的改善表现最为显著，遵守率从 70% 增长到近 100%。（两家医院的调查结果表明员工经过培训之后的得分非常高，我们发现员工学习应对关键冲突的技巧之后，他们遵守洗手规定的行为几乎达到了满分。）

- 某大型电信公司员工掌握应对关键冲突的技巧之后，我们发现该技巧在工作中的应用率增长了18%，公司生产率相应提高了40%。
- 某IT集团改善应对关键冲突能力之后，该技巧的应用率提高了22%，产品质量提高了30%，生产率提高了近40%，成本降低了近50%，同时员工满意度上升了20%。
- 某大型国防产品制造商经过培训发现，关键冲突应对技巧的应用能力每提高1%，公司的生产率提高对应可实现150万美元的新增收益。培训九个月之后，公司员工应用新技巧的比例提高了13%，新增收益有多大你可以自己算算。

或许，掌握关键冲突对话带来的最大好处莫过于个人的职业成功。据说，要想知道哪些人善于处理关键冲突问题，只需问问谁是企业领导手下最有价值的员工即可。我们发现企业领导毫无例外地认为，最有价值的员工是那些能够鼓励他人对行为负责的沟通大师。因此，学习如何鼓励他人承担责任，学习如何为组织机构带来可预见性和信任感，最终你也会成为企业最有价值的资产。

要想在未来的职业道路上实现突破，你必须站在巨人的肩上看问题。学习解决关键冲突高手每日应用的技能，享受负责企业文化带来的成就，你就站到了沟通大师的肩上。作为本书作者，我们把对话高手的成功做法努力变成个人的终身习惯，最终为自己带来了巨大的利益。

结语

对于关键冲突对话高手的成功做法，我们将其总结成关键冲突工具集，在书中向各位读者一一阐述。这套工具集为关键冲突对话的前期准备、对话进行和事后监督提供了完整的路线图。此外，它还能指导各位根据具体情况组织对话，构建深思熟虑、可获得积极响应的对话情景，而不是重复以前种种失败的沟通方式。

读到这里，你是不是对我们的研究结果充满了兴趣？

下面我们就来看看这些人际互动高手到底是怎么做的，我们怎样才能成功地将其应用到自己的家庭和工作中，让身边犯错的人积极承担责任，同时又不断改善双方的关系。

第一部分

自我分析

解决关键冲突之前的准备

在学习解决关键冲突之前有一项重要工作，即我们必须首先准确了解自己的期望目标。毕竟，我们不可能改变身边的每一个人，期望获得不切实际的目标，我们真正可以改变的只有我们自己。

当然，我们要记住这样一点，关键冲突的出现和消失取决于人们选择使用的话语和表达这些话语的方式；而这些话语，特别是它们的表达方式，取决于人们在开口之前脑中的思维结果。如果指出对方未能实现承诺的人无法清晰准确地整理自己的思路，可以说准备得再充分也无法成功化解关键冲突问题。对于熟练掌握关键冲突应对技巧的人来说，他们在开口之前必须保证依次考虑过以下两个方面。

- 必须确保面对的是正确的问题（见第 1 章）。
- 必须确保脑中的想法（即各种事实、说法和情绪）能帮助自己把对方视为和自己一样的人，而不是十恶不赦的坏蛋；必须学会通过重建事件经过的方式控制自己的强烈情绪（见第 2 章）。

———

CRUCIAL
ACCOUNTABILITY

明确选择

解决关键冲突的目标和意义

昨天晚上我一时失言，把老公的名字叫成了前男
友，真是尴尬死了。

我也好不到哪儿去，本来想对老公说"把土豆递
给我"，结果却说成"去死吧你个衰人"。

　　正所谓麻烦一箩筐，棘手的问题很少单独出现，单独出
现的问题并不是我们需要关注的核心，我们关注的是那些聚
集在一起出现的问题。例如，你的老板答应给你加薪，然后
又说话不算数。这已经是他第二次做出加薪承诺但又反悔了，
只不过这一次他是在公司会议上宣布的，这下子你连申诉的
机会都没有了。会议结束后，你在走廊拦住老板谈这件事，
他一再推脱说事务繁忙，并告诫你"要学会长点眼色"。你不

依不饶地问能否回头再谈，老板气急败坏地说："嘿，我的工资还没涨呢！"

再来看一个例子，一家人正在吃晚饭时，你的娘家亲戚突然不请自来。虽然你已经告诉过他们最好事先通知，特别是在晚饭时拜访更要提前通知，可他们根本不听，仍随着自己的性子来打扰你。这时，你要面对哪些问题呢？

你准备的食物可能不够招待他们，这个问题比较好说。他们曾再三承诺到访之前会通知你却总是食言，让你失去信任，这个问题就不便明说了。最后他们谢绝了你的入席邀请，绷着脸在角落里暗自唠叨起来，这个问题可以说更麻烦了。

在这些案例中，你在开口表达观点之前必须面对两个问题，即目标和意义问题。首先，你要真正解决的违反承诺问题是哪些？你该怎样把一系列问题进行拆分，从中选出希望讨论的重点？显然，你要面对的问题有很多，不可能全部解决，至少不可能一次性全部解决。其次，你必须决定是否有必要开口表达自己的观点。你要思考的是两种相反的情况：表达自己的观点是否会带来新的问题？保持缄默是否会导致问题无法得到解决？

下面我们就来对这两个重要的方面依次进行说明。

选择目标

在面对关键冲突时应当讨论哪些问题，这大概是本书最为重要的概念了。当很多问题同时涌现时（通常情况下都是这样），要想弄清楚准备解决哪个或哪些问题并非易事。

例如，女儿在出门赴约时答应父亲一定会在晚上 12 点之前回家，结果直到凌晨 1 点钟才回来。当务之急是，这位父亲要面对的是什么问题？也许有人会说："这还不简单？就是回家晚了的问题嘛。"不错，这的确是描述问题的一种方式，不过我们还可以通过其他方式来看待这件事情。

她违背了自己做出的承诺，辜负了父亲的信任，这种做法可能让父亲非常担心，担心她遇害或是遭遇车祸。她也可能是故意不遵守家庭规定，公开挑战父亲的权威，以此摆脱父母的控制。又或者，她这样做是想报复上个星期父亲禁止她周末出门的做法，她知道如果和满身打孔的"小瘪三"厮混肯定会把父亲气疯，因此故意这样做。

由此可见，尽管女儿比规定时间晚归一个小时这件事是不容争辩的事实，但这个现象本身未必是父亲希望和女儿当面讨论的唯一问题。因此，如果选择了错误的目标，结果往往南辕北辙。比方说，在上述种种可能性中，如果父亲选择了错误的问题作为讨论目标，看上去问题似乎得到了顺利解决，这位父亲会感觉自己的做法很正确。但是，如果让问题解决大师来应对这件事，他们肯定会分析其中最关键的问题是什么，否则你认为成功的做法很可能是在做无用功，问题并没有得到根本解决，而是会继续发生。有鉴于此，我们必须考虑的第一个问题是：哪些才是我们需要在关键冲突中面对的正确问题？

选择错误问题的标志

解决方案无法实现你期望达到的目标

为了解如何选择正确的问题，请看一个我们最近在组织小学校长培训中遇到的真实案例。有一天在课间休息时，老师看到两个二年级的女生在玩单杠。名叫玛利亚的女生用手推搡了前面的萨拉，催促她动作快点儿，萨拉喊道："别碰我，你这又脏又矮的墨西哥佬！"玛利亚回敬道："至少我不是个肥婆！"于是，一场争执开始升级了。

校长给双方家长打了电话，介绍整个事情的经过，告诉他们学校准备对两个孩子进行处罚。玛利亚的父母没有异议，对校长表示感谢，谈话告一段落；萨拉的母亲则表现不同，她问道："每个孩子会受到什么样的处罚？"校长称按照规定，她们会受到和冒犯行为相应形式的处罚。

第二天，萨拉的母亲突然赶到学校，在校园里拦住校长语气尖刻地大声吵嚷，希望学校不要处罚她的女儿，说她会自己进行处罚。校长向她解释，学校是受公共管理政策约束的，必须按照规定行事。实际上，萨拉明天将会和小朋友隔离开，在老师的监督下到媒体教室单独吃午饭，这就是学校规定的处罚方式。萨拉的母亲仍不依不饶，表示明天要接孩子到学校附近的餐馆去吃饭。

这个案例有几个不同的问题。在培训过程中我们讲述了这个案例，很多校长都表现得很情绪化。有人说："这件事好办，把问题提交给学区纪律委员会处理。此外，由于涉及种族歧视问题，完全可以投诉干涉学校规定的母亲。"事实的确如此，不过处理这个问题的目标并不是要让孩子的母亲陷入麻烦，那这位校长究竟该怎么做呢？

各位校长陷入了热烈的讨论，提出了各种潜在的问题。例如，"首先这是干涉学校事务，她没有权利询问其他孩子的处罚方式，这件事完全属于私事。""我不这样看，更大的问题是她试图取代学校处罚学生，这才是无法接受的。""让孩子到校外就餐，这明明是奖励而不是处罚嘛！""这位母亲的做法非常粗鲁且独断专行，这一点非常不好。"

最后，一位副校长提出了一个大家都认为非常重要的问题："我担心的是在处理这件事的过程中，家长和学校无法进行合作。我更希望能和这位母亲一起想办法解决问题，否则她会把学校领导视为敌人，用不了多久她的孩子也会产生这种印象。"

当确定这个问题是核心问题之后，学校就可以和家长商讨解决办法了。这位校长也实现了自己的目标，即和家长建立合作关系，以此帮助孩子面对问题。显然，如果只是抓住了其他细枝末节的问题，解决得再好也无法达到这个目的，整件事带给孩子和家长的挫败感会继续存在。

因此，我们要提醒大家：如果你采用的解决方案无法满足你的真正需要，不能让你得到期望的结果，那么你很可能面对的是完全错误的问题。

你必须反复解决同一个问题

我们再来看一个例子，这次的调查对象是某社区的一家地产公司。

"在前台工作的那位女士上班总是迟到。"公司老板说。

"你和她谈过这个问题吗？"你问道。

"都不知道谈过多少次了。"

"那结果呢？"

"她会按时上班几天，或许是一周，然后又开始经常迟到。"

"那你对她怎么说？"

"我告诉她不许迟到，我讨厌别人迟到。"

这个案例能充分说明出色的问题解决者和普通人处理问题的区别。这位老板敢于直接面对犯错误的前台员工，这一点说明他还不算糟糕的管理者。不过，必须重复处理同一个问题的事实表明，他离优秀管理者还有一定差距。如果认真加以分析，这件事并不像表面看到的那么简单。其中隐藏的更核心的问题是，这位前台员工无法兑现自己做出的承诺，她的做法是在藐视公司管理规定。

土拨鼠日

当人们反复犯同样的错误时，善于发现问题和面对问题的管理者会在每次员工犯错时重新确定问题的性质。他们不会像电影《土拨鼠日》中菲尔·康纳斯（Phil Connors）扮演的气象预报员那样，每天重复一成不变的悲惨生活。面对重复出现的问题，如果管理者每次都视其为新的状况进行处理，这种感觉就像陷入同一个泥淖无法自拔。尽管你一次又一次地努力，但问题还是无法得到有效解决。问题解决高手不会这样做，第一次发现员工迟到，那就是迟到问题；第二次发现员工迟到，要面对的是无法兑现承诺的问题；第三次发现员工迟到，就要考虑对违反公司纪律的行为进行处罚了。

总而言之，如果你发现自己一直纠缠于同一个问题无法自拔，那很可能是因为没有抓到本质，忽略了真正需要解决的核心问题。

问题继续

面对地产公司老板的难题，你说道："很明显，员工迟到是引发你关注的行为事实，你和对方讨论的也正是这件事，但是这里面还有更深入的问题吗？"

"我也说不准，我没想到这件事会如此困扰，通常情况下迟到行为不会让我如此气恼。"

"你是不是因为迟到现象的升级而气恼呢？"

"那倒也不是。"对方有点犹豫。

你接着问道："当你感到非常气愤，很想对家人、同事或好友抱怨问题时，你会怎么说？"

这个问题好像提醒了对方，他激动地说："我最受不了的是她在利用我们的朋友关系。她是我的邻居，以前帮过我不少忙。现在她不肯按照我的要求去做，是因为她知道我们是朋友，而我不会处罚自己的朋友，至少我的感觉是这样的。"

瞧！这才是这位地产商真正要面对的核心问题。他之所以对对方的每一次迟到行为感到气恼，是因为他一直都没有解决困扰自己的真正问题。换句话说，前台的迟到行为只不过是露出水面的冰山一角，而利用朋友身份占便宜这个问题才是冰山本身。

面对正确的问题

从上述案例中我们不难看出，学习如何从违反承诺的行为中抓住关键问题并不容易，这是一种需要时间去练习的技巧。在日常生活中，由于时间紧迫和激烈情绪造成的压力，大多数人在遇到问题时都无法抓住其中的核心。例如，刚才提到小学校长们花了 20 多分钟进行讨论，才找到应当面对的关键问题。实际上，很多人甚至根本没有意识到他们要讨论的核心问题是学校和家长之间缺乏合作。大家都情绪激烈，把那位咄咄逼人的母亲当作要解决的问题目标。老实说，在实际工作中很多人也的确是这样做的。

与此类似，对那些坐在家里紧张不安地等待女儿归来的家长来说，他们并没有意识到自己真正担心的不是晚归这件事本身，而是女儿的不懂事，不知道应当打电话通知家里，让家人不必担惊受怕。可以说，很多人在面对这个问题时根本不清楚困扰自己的关键是什么。

显然，要想最大限度地减少他人违反承诺的行为，你必须具备足够的耐心、冷静辨别轻重缓急的能力以及准确描述问题的能力。首先，你必须花时间整理思路，梳理各种纷繁复杂的问题。遗憾的是，人们总是希望能快速完成这一步，激动的情绪往往促使他们不假思索地行动，很少经过认真细致的思考。其次，在梳理问题的过程中，你必须确定最困扰你的核心问题。无法做到这一点会产生两种结果，要么你面对的是错误的目标，要么你面对的是多个无足轻重的目标。最后，学会言简意赅地描述问题，将其提炼成简短的一句话。如果问题描述过于复杂，真正的问题往往会被淹没其中。实际上，如果在表述之前无法简明扼要地总结问题，你的长篇大论肯定会让对方感到不知所云、不明就里。

有助于选择正确问题的实用工具

尽管你非常努力地解决重复出现的问题，但可以肯定的是你的情绪只会变得越来越糟而不是越来越好。这时你会发现，原来自己选择讨论的一直都是那些简单的、显而易见的和容易面对的问题，而不是真正重要的问题。简而言之，事实证明你选择了错误的问题，因此必须日复一日地面对它们。那这种坏习惯该如何改变呢？要想正确命中目标，你可以使用以下方式。

CPR 思维法

这种思维方式不但能确定核心问题，而且可以消除重复做无用功的问题。其具体操作过程是，问题初次出现时，你要和对方谈论的是内容（Content），即发生的事实。例如，"昨天你在午宴上喝多了，神志不清，大声叫嚷，取笑客户，让公司丢尽了脸面。"问题的内容只和单独的事件相关，它关注的是何时何地发生了何事。

当问题第二次出现时，你要和对方谈论的是模式（Pattern），即重复发生的情况。例如，"这可是第二次出现同样的问题了，你答应过这种事不会再发生，现在我觉得你是一个无法兑现承诺的人。"模式表明问题具有历史性，这种历史一旦重现，问题实质便会发生变化。频繁而持续地违反承诺会影响他人对你的行为预测，最终破坏他们对你的尊重和信任。

注意，人们往往会漏掉对问题模式的关注，陷入对问题内容的不停争论。例如，你的老板每次开会都把你的议题放到最后讨论，结果往往是草草收场或完全跳过，对此你已经和她提过一次了。现在你又提出了这个问题，她的答复是会议日程总是排得很满，让你灵活一些，把时间留给更重要的问题。如果你接受了这番说辞，那就漏掉了关键问题。你要关注的目标不是今天这次会议（即内容问题），而是对方长期形成的模式。有时候，模式问题会悄然无息地发生，为你带来新的麻烦。你指出问题所在，对方不是破口大骂就是绷着脸生闷气，结果你和他们的对话就慢慢偏离了目标，这种情况会逐渐发展成为一种模式。具有影响力的人会敏锐地察觉到这种行为模式，及时想办法加以解决，而不是任由自己被拖入无休止的对初始话题的争执。

当问题继续发生时，你要和对方谈论的是关系（Relation-ship），即这样做对我们之间有什么影响。关系问题关注的角度要比内容和模式问题大得多。这种问题强调的不是对方再三令你感到失望的事实，而是对方一系列令人失望的行为已经让你对其失去信任。你开始怀疑他们的能力和他们做出的承诺，此举必然会影响你们之间的交往方式。例如，"这件事开始对我们的合作关系产生压力了。我必须不断催促才能保证你在线，我不喜欢这样做。我担心你已经不再值得信任，无法担负你承诺的责任。"

同样，如果你真正关注的是关系问题却发现和对方讨论的只是行为模式，这种讨论结果也不会让你感到满意。更糟的是你还会陷入重复面对相同问题的处境，和对方展开同样的对话。要想理解关键冲突中经常出现的各种内容问题、模式问题和关系问题，你可以从以下两个方面进行考虑，即结果和目的。每个方面都能提供一种独特的解决方法，帮助你梳理问题，然后排列各种问题的优先次序。

梳理问题

结果

违规者的行为本身几乎从来不包括结果问题，这种问题经常出现于违规行为发生之后，即存在于其结果当中。例如，某员工本来应当在中午之前向你提交做好的财务分析，但她错误估计了工作所需的时间，直到下午 3 点才完成任务。

在这个案例中，错误行为本身（即未能及时完成任务）并不是问题所在，这种行为带来的后果才是问题所在。因为这个错误你可能失去一位客户，这才是真正让你烦心的问题。或者，这是该员工第三次无法及时完成任务，你对她感到失望才是问题的关键，因为你要考虑的是这样的员工是否还值得信任。又或者，因为这位员工总是动作缓慢，你必须亲自盯着她干活，为此浪费了你的宝贵时间，同时让对方感到非常压抑，这种结果才是问题的关键。显然，所有这些都是错误行为之后发生的，是初始行为的结果，明白这一点有助于我们对问题进行梳理。

如果你想找到真正需要面对的核心问题，不妨问自己：这个问题会为我、我和对方的关系、工作任务、其他利益相关者带来怎样的结果？对这些结果进行分析可以帮助你确定哪些才是需要和对方讨论的最重要的问题。

目的

我们还可以换一个角度对此进行分析。比方说，你的一位同事让你很不爽，他答应帮你为写好的报告设计排版格式，结果并没有把完成的稿件交给你，而是直接交给上司了。他在这样做的时候心里是怎么想的呢？实际上，对此你自有一套看法，你认为他的目的很自私（他想在上司那里邀功）。至少，这是你自己得出的结论。

毫无疑问，你的这个结论并不是毫无来由的瞎猜测，而是有一定证据的。你肯定暗中调查过这个问题，对各种消息加以权衡，最终认为此人的动机不纯。当这件事发生时，你的同事的行为本身并不是问题所在，至少不是最关键的问题，决定他这样去做的动机才是问题所在。这才是你需要和对方探讨的真正问题，因此你关注的实际上是行为的目的。

其实，我们一直都在解决目的问题。比方说那个担心女儿晚归的父亲，实际上女儿这样做是想报复父亲以前禁止自己出门。因此，真正让这位父亲担心的并不是女儿晚归的事实，至少不全是这样，而是女儿这样做的目的，即她是故意让父亲担心的。至于那位地产商，他认为前台也是在故意利用朋友关系来逃避惩罚。同样，真正让他烦恼的其实是对方这种行为的目的。

当然，在这两个案例中，父亲和地产商的主观臆断是否属实我们并不清楚，这要等到他们和"嫌疑人"正面冲突之后才会有结果。显然，要想确定如何面对这些复杂而敏感的问题并不容易，它们涉及我们讨论的隐藏动机。也就是说，我们必须依靠一个人的潜在目的去得出结论（后面的章节对此有详细说明）。无论如何，有一点是可以肯定的，即让我们的主人公感到烦恼的是他们根据他人的潜在目的得出的结论，这些才是我们最终需要面对的真正问题。

排列问题的优先次序

确定目的和需求

经过对问题的梳理（通过分析各种行为的目的和结果）你

会得到很多细节，不知道该从哪里着手解决。面对众多细枝末节的问题，哪一个才是真正需要面对的最为重要的问题呢？

要想在诸多可能的问题中进行挑选，最佳的方式是询问自己内心的真实需求。因为要和另一个人进行交谈，你应当自问对自我、对方以及你们之间的关系有何要求。如果你没有认真考虑这三个方面，很可能会抓住次要问题而忽略对主要问题的解决。

例如，在两个女生发生争执的案例中，很多人关注的焦点是萨拉的母亲，直到最后才有人问道："你们希望萨拉怎样做？希望在她身上发生怎样的变化？"显然，你肯定希望萨拉接受处罚，不希望和她母亲陷入纠纷，不希望限制萨拉的教育选择权。你肯定不希望为了和她母亲斗气，为了证明谁有控制权而把萨拉转到另外一所学校。

对个人而言，你希望能帮助萨拉承担起应负的责任。公共管理政策要求你必须对此行为加以处罚，如果你对处罚事宜装聋作哑，就等于默许伤害行为的发生。这肯定不是你希望看到的。至于家长关系方面，你希望能和萨拉的母亲合作，一起想出最适当的处罚方式，而不是向孩子传达模棱两可的双重信息。那你该怎么说呢？你要讨论的又是什么问题呢？我们认为，你应该对萨拉的母亲这样说："如果我们在处罚方式上争论不休，我担心这样会向萨拉传递错误的信号。"

选择正确问题的方式：

● CPR 思维法——关注内容、模式和关系。

- 通过分析结果和目的寻找所有可能的细节问题。
- 询问自己内心的真实需求，这种需求必须顾及自我、对方和你们之间的关系，以此确定最重要的问题。

应用分析

现在我们把上面的概念应用到实际案例中来看一下。好友准备带你的两个孩子去看汽车电影，跟他的孩子一起欢度周末。你答应孩子们可以熬夜，还为他们准备了爆米花，孩子们非常高兴。这时，你的好友开着一辆皮卡车来接孩子们了，他们的孩子已经坐在车斗里等着，你的孩子马上就跳上了车。不过，对于乘坐小货车，特别是在高速公路上行驶这种危险行为，你们家一直都有严格的规定，你的妻子也非常强调驾驶时的安全问题。

你向好友提出了自己的忧虑，没想到对方反而嘲笑你大惊小怪、杞人忧天。没等你反驳，你的妻子插话了，但是她的话似乎在掩饰问题。她对你的朋友说："你肯定会加倍小心的，对吧，要知道这些孩子可伤不得。"对方连说不用担心，然后启动了引擎，孩子们在车后面欢快地大呼小叫。

你气恼极了，你该怎么面对妻子呢？你本来是准备和朋友讨论安全风险的，但是这个机会已经错过了。或许，等孩子回来的时候你可以重新讨论这个话题，但实际上你觉得真正要面对的问题是妻子的让步，因为这已经是她第二次在家庭价值问题方面放弃立场，让自己感到难堪了。对，妻子和自己唱反调是个新问题（不仅仅是孩子的安全问题），而且是一个模式问题。不过，这一点还不是真正让你感到恼羞成怒的原因，真正的原因是当你向朋友提出安全问题时妻子突然打断你的话，这让你觉得她的目的很荒唐。毕竟，和孩子的生命安全相比，难道跟朋友保持面子上的一团和气会更重要吗？

在思考这件事的过程中，你询问自己内心的真正需求是什么。你希望孩子安全，这一点毫无疑问，但是你更想一家人坐在一起讨论这个问题。你希望在表达个人关注的问题时不受打扰。你希望妻子能支持你的做法而不是拖你的后腿。你不希望讨论变成争吵。至于家庭成员关系方面，你希望在讨论安全问题时全家人能形成统一战线，然后由你来宣布最终的决定。你关注的模式问题是，你的妻子无意中剥夺了你对重要家庭决策的投票权，这才是问题的关键。当你的妻子公开做出决定时，她并没有考虑是否和你达成了一致。

明白了这一点，你决定把未经商量就做出承诺这件事（特别是安全等偏离家庭价值的重要问题）作为讨论的重心。你希望能找到一种方式，以便以后在面对外部压力时能确保团结一致，驾驶安全问题就是一个例子。这就是你要面对的核心问题。

选择意义

下面我们来分析解决关键冲突的意义。经过对问题的梳理，从中找出最重要的内容，然后将其浓缩成一句简练的表达，现在你已经准备好进行面对关键冲突，可以和对方直接交涉了。可是，事实真的如此吗？实际上，找到需要讨论的关键问题并不表示你确实需要和对方进行讨论。有时候，在决定向对方提出问题之前，你最好能先考虑这样做的结果。

例如，你的儿子刚从外面回来，剃了个鸡冠头，还染成扎眼的颜色，他对这副形象很满意，却把你气得不轻。面对这种情形，你是准备说教一番，还是忍忍再说？或许，对于年轻人所谓的时尚，你早就已经落伍了。如果为了一个发型把儿子大骂一顿很可能得不偿失，让你们之间已经出现的裂缝变得越来越大。也许你应该装作没看见，或是让自己变得更宽容些。

再来看一个工作场合的例子。你的老板在会议上杀气腾腾，大骂你们的工作不合格，提出的创意不是愚不可及就是傻得冒烟，让人一看就反胃。她不但否定了你们的所有提议，而且动不动就打断你们的发言。这种做法一开始让你有些受不了，不过你很快就坦然接受了这样一个现实，至少她旗帜鲜明地表明了对问题的看法。于是，你什么都没有说。不过，今天她居然质疑你的信用，还在同事面前羞辱你，这件事可太过分了。或许你该挺身而出了，这种情况已经忍无可忍了。

上述案例表明，对于你确定的种种问题，其中哪些是虚构的，哪些是真实的，哪些是需要面对的，显然没有简单的一刀切式的判断规则。通常来说，当你身边的人违反承诺时，你会和对方展开讨论（当情况要求你表达自己的观点时便采取行动），但并非总是如此。那么，有哪些判断规则可供我们使用呢？

当对方的行为明确违反承诺时

企业拥有各种各样的测评工具，如报告、目标、绩效指标、质量计分卡、预算差异等，它们能准确衡量期望表现和实际表现之间的差距。如果员工未能实现其承诺的工作表现，这种情况当然会造成关键冲突。由于这些做法是日常程序，因此管理者在和员工讨论时感觉会相对容易一些。

至于在家庭生活中，违反承诺的行为也有明确的衡量指标。例如，"你答应过我出去吃饭的。""你说过会回来为我庆祝生日的。"这些表达都是容易讨论的日常性问题。

当违反承诺问题并不清楚时

但是，如果你对问题并不清楚，或是贸然和对方讨论会让你陷入被动时，你该怎么办呢？例如，你并不确定想和对方讨论的内容是否是个问题，提起这个话题可能引发一场轩然大波，造成关系紧张、丢掉工作或其他难以预料的可怕结果。换句话说，对于并不清晰或无法预料到结果的问题，你怎么知道是否该贸然面对它们呢？

要回答这个关键的意义问题，我们可以把要面对的问题分成两种情况。第一种情况，你怎么知道自己在该开口时没有开口？第二种情况，你怎么知道自己在该沉默时没有沉默？

该开口时却沉默

我们先来看第一种情况。研究表明，很多时候我们都会面对该开口时却沉默的问题。诚然，有时候我们的确会在错误的时间以错误的方式"勇敢"地站出来表达自己的观点，但对于家庭和企业来说这种情况绝对不是主流现象。通常情况下，我们在这些场合中都会保持沉默。

为便于检查你是否属于这种类型，你可以问问自己以下几个问题。

- 我是否经常用动作暗示自己的观点？
- 我的良心是否总是提醒我是非对错？
- 我是否害怕说出内心的想法，倾向于保持沉默？
- 我是否总是对自己说我孤立无助？

（1）我是否经常用动作暗示自己的观点。比方说，你在工作中发现了违反承诺的问题，有几位技术支持员工不遵守早八晚五的工作时间规定，而是采取灵活工作制，早上经常迟到，晚上又超时加班。因为你是个喜欢按照规定办事的人，这种做法让你很讨厌。但是，仔细想想之后，你觉得在这件事情上坚持己见不是什么好主意。毕竟，他们的工作时间并不比别人短，没必要为此搅得大家都不得安宁。另一件让你烦心的事情是，他们不守承诺且目中无人，说话做事都很傲慢，对此你也只字不提。

但是，对于后面这件事，保持缄默并不是明智的选择，因为你的选择不会让对方有所改变。如果对方食言这件事让你深受困扰，你是不可能天衣无缝地掩饰自己内心的负面感受的。你当然可以把怒火强压下去，但它迟早会以可怕的方式爆发出来。换句话说，如果你面对问题选择沉默，那你的行为必将对此做出应对。

关于这个概念，演员约翰·拉莫塔（John LaMotta）曾给我们留下了深刻的印象。有一次在制作培训视频时，我们请他扮演片中的经理角色。在排练过程中，他总是把语气正常的开场白变成咄咄逼人的对话。后来我们才知道，因为和他配戏的人没有完成自己的工作，约翰认为这个人是个滑头。因此，无论我们怎么指导（告诉他软化语调，不要表现愤怒等），约翰还是对对方十分轻蔑。尽管他的每一句台词和剧本丝毫不差，但约翰内心先入为主的偏见导致他下意识地流露出特定的非语言行为，先是改变语调，然后是假笑，举起拳头等。直到最后导演告诉他那位同事工作很努力，是个很受欢迎的人，约翰才准确地演出了导演的要求。由此可见，如果无法改变主观认识，他是根本无法改变自己的表演行为的。

保罗·艾克曼（Paul Ekman）[1]是一位研究人类面部表情和情绪长达 30 年之久的学者，对此他也得出了相同的结论。当人们试图掩饰内心的真实感受，假扮另外一种情绪时，艾克曼发现虚假表情使用的面部肌肉和真实流露的表情有所不同。例如，欢乐带来的真实笑容会牵动眼部周围的肌肉，而虚伪做作的笑容不会牵动这些肌肉。因此，人们一眼就能看出实情，你是很难掩饰内心的真实情绪的。

除此之外，当你观察到问题出现，感到非常懊恼，但决定保持沉默时，你的感受不仅会通过面部表情和其他非语言行为流露，而且会以其他方式宣泄出来，如冷嘲热讽、损人玩笑或是不合逻辑的推论等。例如，晚餐桌旁已经 29 岁却长期失业在家的儿子提醒母亲脸上沾了一块面条，母亲没好气地答道："是吗？我在你这个年纪时已经有两份工作了。"这话不是明显透露出让她烦心的问题了吗？

可见，当你试图保持沉默时，你的身体语言却在不断发出相反的信号，或是通过讽刺挖苦的语气来暗示真实情绪，这些现象说明你应当开口表达内心的想法了。

我们为什么会这样思考问题

面对种种重要问题，为什么我们会选择沉默呢？难道是希望它们能自动得到解决吗？实际上，这种行为就像是在冰箱里发现一桶腐败变臭的奶酪，我们把它拿出来在厨房案板上放了几天，结果对自己说："唉，还以为这样味道会变好些！"

（2）我的良心是否总是提醒我是非对错。有时候，人们不愿说出内心的想法是因为他们感到很孤立。你发现了一个问题，但是担心自己是唯一关注该问题的人，其他人对此根本不感兴趣。你心中暗想这可怎么办？例如，为什么医院里的其他同事不在乎洗手时间不够长的问题？面对公司最大客

户违反行业规定的做法，为什么其他会计师睁一只眼闭一只眼？为什么我的邻居、妻子和孩子不认为坐在小货车后面是很危险的举动？对于这些问题，尽管你很担心，尽管你的良心在蠢蠢欲动，但你还是选择了沉默。

尽管人们的判断正确但最终却采取保持沉默的做法，关于这种现象不少学者曾做过深入研究。除了前面提到的研究结果，所罗门·艾斯克（Solomon Asch）[2] 也曾列举过一些情景。在这些情景中人们不但会因为观点和他人不同而保持沉默，甚至宁愿说谎也不愿表达自己的异议。斯坦利·米尔格拉姆（Stanley Milgram）[3] 的实验更进一步，他把普通人换成权威人士，实验中对受试者的测试也远远超过了欺骗行为。米尔格拉姆使受试者对其他人实施电击并不断提高电压，直至达到人体无法忍受的程度，可即便如此，受试者仍不愿表达和专家不同的观点。

羊群效应和服从权威意识可以迫使人们做出违背内心真实想法的举动。这些现象对关键冲突的影响方式是，如果社会压力会导致人们说谎，那它也一定能迫使人们保持沉默。面对这种情况，你必须学会留意内心时而泛起的良知，它的出现意味着你应当挺身而出面对关键冲突了。

因此，当你保持沉默但内心却备受良心煎熬时，你应当开口表达内心的想法了。

（3）我是否害怕说出内心的想法，倾向于保持沉默。在

决定是否应当坦率说出内心的想法时，我们总是习惯于欺骗自己，一次次地犯同样的错误。我们宁愿面对正在自己身上发生的事实（无论这种事实多么残酷），也不愿接受袒露心声可能遭遇的不确定结果。这种情况肯定会迫使我们在需要开口的时候保持沉默，无奈地接受痛苦。这种情况到底是如何发生的呢？

当我们试图搞清楚是否应当开口时，我们经常想象会出现可怕的失败结果，这种心理让我们马上决定保持沉默。在为保持沉默寻找理由时，我们的思路是这样的：我们会问自己"我能否成功应对这次冲突"，而不是"我是否应当尝试去面对"。显然，当内心对"能否成功"这个问题做出否定回答时，我们便会选择不必尝试的结果。

对于这种情况，问题解决高手的做法完全相反。只有在决定应当展开对话之后，他们才会问自己："我该怎么做？怎样才能把事情解决好？"如果把"是否尝试"和"能否成功"的顺序颠倒，我们肯定总是会违心地背叛自己的原则，选择对不公平现象保持缄默，然后为自己的不作为寻找借口。

至于如何说服自己保持沉默，我们通常有两种常用手段：一是忽略沉默的代价，二是夸大开口的代价。

忽略沉默的代价。我们是如何在思维判断过程中不断纵容不公平的现实问题，忽视这些问题造成的代价的呢？首先，我们的目光过于狭隘，只看到了问题对自我的影响，没有考虑其总体影响。比方说，如果你的老师是个非常乏味、极不公平且满脑子封建思想的人，这又有什么大不了呢？有必要和他当面冲突吗？我们不也能挺过来吗？可是，这种思维方式其实非常自私，因为你忽略了这样一个事实，即 20 年后或许会有成千上万的学生因为这个老师的不够格而受到巨大的负面影响。

其次，由于已经习惯对负面影响逆来顺受，我们往往会低估当前问题的严重性。随着时间的推移和问题的反复出现，我们会认为这种悲惨现象是无法改变的，是每个人都注定要接受的。因此，我们会继续被颐指气使的老板奴役，继续与在身体和精神两方面伤害我们的伴侣维持婚姻，继续与忽视和羞辱我们的同事一起工作，我们会在潜意识里对自己说其实没那么糟糕，生活本来就是这样。

最后，如前所述，当无法保持沉默时，我们看不到自己的错误行为。例如，我们自以为在默默承受老板的吹毛求疵，但实际上当管理者询问工作细节时我们消极应对的做法也是不对的。当老板试图提出建议时，我们总是毫不犹豫地打断对方，说自己知道该怎么工作；我们总是挑衅般地选择按自己的方式去工作，殊不知这样其实贬低了我们的行为。在这种情况下，我们不但低估了保持沉默的代价，甚至可以说完全无视了这种代价的存在。

夸大开口的风险。另一方面，如果挺身面对他人违反承诺的错误行为，我们又常常会高估由此带来的负面影响。人是一种很奇怪的动物，非常善于想象可能发生在自己身上的坏事情。在思考如何开口面对问题时，我们经常会认为自己会承受非常可怕的后果（哪怕这种情况可能根本不会出现），然后为这些并不真实存在的念头深深困扰。在虚构各种可怕事件的过程中，我们会使用很多"弄不好"之类的表达，尽管其中很多想法都是毫无来由的。

例如，老板让我们每人出20元钱给尚未谋面的副总裁买礼物，这事儿弄不好是个麻烦。我们谁都不想这么做，可如果我开口反驳肯定会被臭骂一顿，弄不好还得出钱，弄不好会让老板鄙视，弄不好会丢了工作，弄不好搞得妻离子散。

当注意力全部集中于这些可能会降临的可怕想象时，我们肯定会失去现实感。可能出现的负面后果的严重性会扭曲我们对概率事件的认知。也就是说，如果某种不太可能出现的结果足够糟糕的话，我们往往会在大脑中将其描述成必然事件而非概率事件。

或许，关于夸大面对关键冲突造成的代价，我们所犯的最大错误源自一种不正确的理念，即这个世界总是惩罚那些"傻"得冒烟，敢于面对错误畅所欲言的人。我们已经见到过太多枪打出头鸟的案例，发现凡是仗义执言的人都没有好下场，于是失望地认为除了明哲保身之外别无他路。令人深思的是，作者曾向各大公共论坛表示，本书可以教会大家面对任何桀骜不驯或位高权重的人，无论对方多么难以对付，而且还能保证结果让双方都非常满意——没想到，很多人居然认为我们在自欺欺人。他们说："你们是在说梦话吧，现实生活中坦然面对冲突哪有这么简单？'刺儿头'的下场多半都是身败名裂。"

一开始，我们还以为这些经过广泛证明的技巧不适用于反驳者所说的特定案例，于是问道："这么说，你们公司从来没有人在冲突中成功面对某个问题或领导，且没有因此而受到处罚吗？"对方迟疑了一阵，尴尬地说这种情况还是有的。有一位职位低微的员工的确是这样做的，而且并没有因此陷入麻烦。

当你保持沉默并试图努力说服自己这样做完全正确时，你就应当警觉了。因为这种现象表明你正在故意忽略面对冲突的代价，夸大这种行为的风险。当问题出现时，你是否一开始就打算保持沉默，然后经过深思熟虑为这种行为寻找理由呢？学会留意这种行为差异，你就可以更好地判断自己是否需要挺身而出面对冲突了。

（4）我是否总是对自己说我孤立无助。尽管内心充满煎熬但仍决定保持沉默，我们之所以会选择这样做，是因为担心自己无力改变现实。我们常常认为，其他人或情况本身的复杂程度决定了问题无法得到解决，使其超出了个人可以控制的范围。我们习惯把问题归咎于他人而不是自己，从来不肯做出半点主观上的努力。面对问题时我们经常说："你和那个家伙打过交道吗？他简直是个疯子！""你跟那位主管说过吗？她知不知道怎么工作啊？就好像这么干行得通一样！"

实际上，很多应对冲突行为之所以会失败，并不是因为其他人糟糕透顶或总是犯错，而是因为我们自己没有处理好问题，这是我们自己的错误。面对违反承诺的错误行为，如果我们在应对问题时把目标转向其他人，会让他们成为众矢之的，受到大家的一致攻击。显然，转移目标是一种并不体面的做法，把祸水泼向别人以免除或减轻自己应当面对的问题，这种行为并不能解决问题，只会使其逐步升级。

换句话说，这种行为是一种不成熟的表现，就像一个小男孩不敢承担责任，反而向妈妈告状说："是他先打我的！"

即使我们能认识到自己在处理问题过程中扮演的角色，意识到自己应对关键冲突的能力不够，但我们仍表现得好像从来都是解决问题的高手。我们肯定不会出错，情况肯定会变好。之所以会有这种想法，是因为我们大多数人并不完全是社会影响力的产物。我们在学校教育体制下花费大量时间去背欧洲各国的首都，却很少关注人际互动问题的错综复杂。我们很少认为，影响力技能是一种人们可以习得，而且是应当习得的能力。但是，正如本书所述，此类技能的确是可以通过后天学习掌握和提高的。

当你因为担心能力不足以应对关键冲突而保持沉默时，事实可能的确和你的评估一样。如果是这种情况，你要做的是提升自己应对问题的能力，而不是一味地忍气吞声。注意，千万不要让恐惧感影响你的判断力，本来你是有能力应对问题的，但恐惧感会迫使你隐忍不发。因此，在考虑保持沉默时，最好先问问自己临阵退缩是不是合理的选择。

四种标志。下面我们来总结草率决定保持沉默有哪些线索，以及我们应该如何应对这些线索。面对冲突该开口时却沉默，这种行为包括四种指示性标志。

- 标志 1：你经常用行动表达自己的观点。你觉得自己在默默承受压力，但实际上并非如此。为识别这种假象，你可以这样问自己："我是真的宽容此事还是表面上如此，实际上在释放各种负面信号？其他人是否受到了我的影响？"如果是后者，这表明你不是在默默承受压力，而是在用各种行为表达自己的关注，这样只会让问题变得更糟。你的非语言行为已经说明了问题，你应当考虑的是说出内心的想法。

- 标志 2：你的良心总是在提醒你是非对错。你不断对自己说沉默是金，因为别人对不公平现象也保持缄默，可是内心却一直蹦出要挺身而出的想法。我们认为，你应当顺从内心的声音，勇敢面对问题。源自内心的忐忑是一种信号，它能告诉我们保持沉默其实得不偿失。

- 标志 3：你总是忽略沉默的代价，夸大开口的风险。由于担心结果令人无法面对，你总是极力压抑自己的冲动，让自己逃避面对问题。实际上，这样做无异于混淆概念，因为面对冲突是否困难和你是否应当挺身而出是两个完全不同的问题。

- 标志 4：你认为自己的行动于事无补。你始终认为，保持沉默的原因要么是他人难以沟通，要么是自己处理问题的能力已经达到极限。然而实际原因是，与其说是无法沟通，倒不如说我们不知道该如何沟通。通过观察善于应对棘手问题的人，我们发现他们能取得成功是因为很清楚该表达哪些内容，以及怎样进行表达。只要你能提高这种技能，哪怕只是些许的改善，就会发现其实很多情况下都不用保持沉默，直接面对问题并不像你想象的那么难。

该沉默时乱开口

现在我们来分析意义问题的另一个方面，即在不该行动的时候错误地面对问题。这种情况似乎和我们上面的讨论相矛盾，但它们的确是存在的。在有些场合下，我们最好不要贸然面对问题，至少不要在未做充分准备之前这样做。

有时在权衡结果之后，我们会发现对有些问题保持沉默反而是上策。例如，你发现和某位供应商合作有问题，对方的做法违反相关的管理规定。但是，你和对方只是在某项目中合作过一次，此后就再也没有联系过。对于这种情况，重翻旧账是完全没有必要的。

面对此类问题最大的困难是，任何问题都不是在封闭绝缘的环境下解决的。换句话说，每个家庭和公司都有一本难念的经，必须根据具体情况分析哪些问题可以面对，哪些问题应当顺其自然，并不是所有的期望、约定、协议和承诺都具有相同的约束力。更糟的是，在有些组织机构中人们根本就不重视兑现承诺，至少他们的责任感很低，让人难以信任和预测其行为方式。

（1）让自己变得与众不同。面对责任问题，人们选择不同的应对方法有时候是因为管理者喜欢选择阻力最小的方案。

毕竟，要大家承担责任是件费力不讨好的苦差事，况且也没人教他们该怎样正确处理这种问题。正因为这样，有时人们面对问题隐忍不发，其实是出于一种同情心理，认为让他人承担责任是一件很难做、很得罪人的工作。

无论潜在原因是什么，如果你想打破传统，提高行为标准，改变过去那种一成不变的管理规定，记住一定要让人们了解这些情况。你必须公布明确的通知，重新设定期望标准，而且你的做法不能让大家感到反感。

本书第一作者科里就曾遇到过这种问题。科里是一位海岸警卫队队员，有一天他换上制服准备去站岗值班，他刚刚被分配到加州某训练基地做值日官，负责保卫工作。

负责值班工作的有几十人，他们要整夜留在基地"放哨"，在兵营、车场或船库担任警戒任务，此外也负责消防工作。早在几周前接受培训时科里就已经知道，擅离职守者可能会受到法律指控。

那天晚上，科里发现有几个哨兵脱离岗位，跑到俱乐部里跟别人闲聊，这种无视纪律的行为让他感到非常吃惊。幸运的是，就在科里准备去揪出这些害群之马，对下属进行严厉训话时，一位老兵把他拉到一旁，向他透露了一些内情。首先，当值的士兵有很多都在俱乐部消磨时光，没人对此小题大做。其次，科里的几位同僚对此事心知肚明，他们自己也跑去闲聊、掷飞镖，对下属擅自离岗的行为睁一只眼闭一只眼。如果科里想杀一儆百、大肆整顿，估计很多人都不会买他的账，甚至厌恶改变现状的做法。

面对这种情况科里该怎么做呢？他希望下属做到令行禁止而不是把规定当作一纸空文，而且他也有权向上级汇报情况。但是，既然其他值日官长期以来一直对这些规定熟视无睹，现在作为新人的科里如果不分青红皂白地指控下属违反规定，这种做法似乎也有失公允。这件事说明，有时候合法的事情未必合乎情理，你的观点正确不代表能得到别人的支持和拥护。

向上级咨询之后，科里选择了下面的做法：他没有过去抓现行，也没有吹响紧急号（吹号也没人听，大家都不当回事），而是决定做出一定的让步。首先他向下属声明，对其他值日官的不同做法表示理解，但不希望自己当值时哨兵出现擅离职守的情况。如果是自己当值，他会挨个检查每个哨岗，确保每个人都坚守岗位。然后，他把自己的立场转告给士兵中的意见领袖，让他们替自己传话，保证每个人都清楚自己的要求。这样一来问题便得到了顺利解决，科里当值时再也没有人擅自脱离岗位。

当其他人都保持沉默而你要面对问题时，当你准备让人们承担高于常规要求的责任时，一定要发出通知，让别人了解你的要求，表明你和其他人的不同之处。对于那些被调到新岗位的管理者，以及准备组成混合家庭的父母来说，这是一个非常明智的建议。

（2）注意你的方式。在多年的调查工作中，与本书作者合作过的管理者可以说数以千计，其中有些人确有过人之处。他们是企业中唯一勇于指出错误的人，唯一能督促人们遵守质量管理规定、安全标准、成本削减目标等重要承诺的人。企业在他们的监督之下，绝不会出现我们在其他公司看到的情形：人们全都事不关己高高挂起，产品质量一落千丈，生产成本直线上升。当其他人遇到问题唯恐避之不及时，他们却能坚守自己的底线毫不动摇。

但是慢慢地我们发现，固守自我价值诚然十分可贵，但如果这种做法会让你的同事蒙羞的话（如讥笑他人不够警觉，吹嘘自己的表现等），就有些得不偿失了，因为你在坚守自我价值的同时牺牲了另一项重要精神——团队意识。与此类似，有些父母会对子女提出某种行为要求，但又经常取笑孩子缺乏辨别能力，这种做法对孩子的精神健康是很不利的。言行不一必然会导致孩子缺乏安全感。

因此，如果你想为他人设定更严格的行为标准，希望以此表明自己和配偶或同事的不同之处，千万不要自命非凡。在设定期望时，很重要的一点是学会对持有不同意见的人表示尊重，这样才能证明你接受多样化的思维方式。换句话说，虽然其他人的管理要求不如你那么严格，他们的确在这一点上和你不同，但这并不表示他们就是软弱无用的胆小鬼。试想，当你对别人说"不管别人怎么做，我要求你必须这样做"和"我才不管那些胆小怕事的废物怎么做"时，这两句话给人的感觉简直差了十万八千里。

选择目标和意义

每一次面对关键冲突，我们都必须从最基本的两个问题入手，即目标和意义。

- 目标：当问题初次出现时，你要讨论的是问题本身，即内容；如果问题继续出现，你要讨论的是模式；当问题的影响范围涉及你和他人的交往时，你要讨论的是关系。为便于做出正确的选择，你可以分析问题发生之后（即结果）和之前（即目的）的情况。随着诸多潜在问题逐渐浮出水面，要想确定其中最重要的问题，你必须确定自己内心的真正需求，关注那些对自我、对方以及你们之间的关系影响最为密切的核心问题。

- 意义：为确定自己是否错误地保持沉默，你可以问自己四个问题：我是否经常用动作暗示自己的观点？我的良心是否总是提醒我是非对错？我是否害怕说出内心的想法，倾向于保持沉默？我是否总是对自己说我孤立无助？为确定自己是否错误地面对冲突，你可以思考身边的人是否支持你的做法。如果你必须冒天下之大不韪，一定要学会用正确的方式表达自己的与众不同。

下一步

决定要面对问题之后，你必须确保自己的思路清晰，必须首先对自我进行分析。要做到这一点并不容易，特别是当对方让你感到失望时，因为你会一味指责对方，丧失正确思维的能力。这就是我们接下来要讨论的问题，在你开口应对冲突之前，如何理智地分析事情的来龙去脉。这样做有助于你更好地对问题进行讨论，显然要比气愤地质问"这群人到底怎么了"效果要好得多。

第 2 章

梳理头绪

如何在冲突之前保持理智

你是否注意到一个现象？凡是走得比你慢的都是
傻子，凡是比你走得快的都是疯子。

——乔治·卡林

任何应对过关键冲突的人都知道，一个人在刚开始几秒钟的行为表现即可决定后面的发展方向。也就是说，你只能用一两句话的机会来确定会谈气氛。如果你设定了错误的基调或状态，后面就很难再扭转形势了。可以说，错误的开头几乎注定了失败的结果。

有鉴于此，要做到这一点并不容易，因为当别人让我们失望或是做出非常不好的行为时，我们最不愿意考虑的就是选择和对方谈论问题的气氛。通常情况下，我们满脑子想的都是事件发生的各种细节，即使我们还有思考其他问题的能力和时间，愤怒的情绪也会让我们彻底忽略所谓的气氛问题。下面我们就来看一个案例。

"没脑子"的测试员

可以想象，你坐在巨大的会议桌前，身边是整个疲惫不堪的管理团队，大家正在讨论如何完成程序开发项目。突然，桌上的电话响起，质量部经理拿起话筒，只听见她和对方激烈地吵了几句，然后狠狠地挂断了电话。

"是总装部，我们刚刚完成的软件把他们惹火了。"质量部经理气得直冒烟，就差没开口骂娘了。

"不是吧！又是软件故障！"开发部副总一脸郁闷。

很快，整个管理团队开始纷纷抱怨起来，指责软件测试员工的自私、不顾大局和种种工作问题。这还不够，大家怒气冲冲地直奔测试部而去。因为你刚来这里不久，对于发生了什么情况并不清楚。

走在去测试部的路上，运营部经理向你解释，每一款开发出的软件都必须经过反复测试，然后才会交给总装部生产。如果不经过测试，软件经常会出现问题，这样会给公司造成巨大的损失。

"这帮蠢蛋只需运行简单的测试包即可。这样能提前发现问题，只要发现问题我们肯定不会送交总装部，否则会造成严重的生产延误。"

"那他们为什么不运行测试呢?"你问道。

"这正是我们要去寻找的答案!"副总裁没好气地答道。你看到他怒火中烧,脑门上青筋暴起。说话间,一群人气势汹汹地来到了测试部,那情形就好像一群调查罪案的警员。你不由得暗自嘀咕:"这下麻烦可大了。"

两败俱伤

显然,各位主管要面对的这个部门以前也捅过娄子,否则大家不会如此激动。各部门经理都觉得义愤填膺,准备好好教训一下测试部。当然,在很多企业中,部门之间的交涉方式可能没有这样戏剧化,当事人的语气可能没那么强烈,使用的字眼没那么粗暴,不会对犯错的一方破口大骂(他们会使用横眉冷对、冷嘲热讽、指桑骂槐等手段表达不满),但结果其实毫无区别。一旦员工没有完成工作要求,老板便会马上得出"一群笨蛋"之类的草率结论。

其实,对于此类关键冲突问题,其根本原因到底是怎样的并不是问题的关键。如果管理者带着强烈的负面情绪去面对冲突,不假思索地认为自己完全正确,那么事情的原委究竟如何根本就不重要。他们面对问题的结果很可能只有一个,即两败俱伤。

继续刚才的一幕,大家闯进测试部,大有不干一架誓不罢休的劲头。看到程序员正在调试"提供免费游戏下载的新网站",各位主管更加气恼,对着犯错的测试人员大声咆哮,用难听的绰号称呼他们，威胁要惩罚他们，对他们臭骂不停，把心中的怒火一股脑儿地发泄了出来。

这时，IT部经理恰好回来，看到手下员工受到如此对待岂肯罢休？很快，双方陷入了口水仗，斗得你来我往好不热闹。IT部经理大声指责管理团队，称他们不尊重程序员的工作，无中生有地制造事端以及使用冒犯人格的侮辱性字眼。

这下子，其他部门经理更加愤怒，就差没卷起袖子动粗了。好啊，明明让我们抓到了把柄，结果你IT部经理竟然袒护手下，竟然敢跟我们对着干，这还有没有王法了！直到几天后，这件事才逐渐平息下来。但是，问题并没有得到解决，每个人想起来不是一脸尴尬就是气愤异常。

关键30秒

我们曾经把关键冲突刚开始的半分钟称为关键30秒，因为整个冲突过程的气氛和最终结果通常都是在这个时间段内确定的。但是我们错了，实际上冲突气氛并不是在一开始的30秒内确定的，它只是在这个过程中得以彰显而已。其实，冲突气氛早在你认定对方有错，对他们感到愤怒，认为自己完全有理的那一刻起就已经奠定了。可以说，关键冲突对话能否进入正确的轨道，能否得到顺利解决，取决于我们对事件第一时间的瞬间感受。从事件发生到我们决定采取行动，在此期间我们的心理发展过程如下图所示。

当某人违反约定，导致我们采取行动时，整个过程的发展顺序是：首先我们会看到对方的举止，然后在大脑中虚构一段情节，以此说明他们为什么会这样做；接下来，这种情节会让我们形成某种感受，在这种感受的影响下我们会采取相应的行动。如果这个情节令人厌恶，我们便会产生愤怒感，这种感受会使我们大量分泌肾上腺素。受其影响，血液会从我们的大脑流向全身，刺激身体的原始本能以应对"对抗或逃避"式冲突。换句话说，受到愤怒感的控制，此时我们已经变成了失去思考能力的爬行动物，言行举止都和傻瓜无异。

毫无疑问，在这种情况下我们只能得出令人无法想象的愚蠢结论。例如，一位老兄刚经过长途旅行回到家中，感到"性"致颇高，可老婆却毫无反应。经过一阵琢磨，他那并不十分灵光的脑筋得出了这样一个结论："我明白了，我应该挖苦几句她才会有反应。"但奇怪的是，这一招似乎并不奏效，一点儿都没吸引他老婆的兴致。

再来看前面软件开发失误的那个案例，一开始管理层观察到的是现象，即软件无法工作。接下来是他们的主观臆断，测试员没有运行最终测试，因为他们不喜欢这样做。实际上，这种想法完全是管理层自己想象出来的，他们根本没考虑对方到底经历了什么情况。再接下来，他们产生愤怒感，最后演变成激烈却徒劳无益的言语攻击。从观察到虚构，再到感受和行动，这个三级跳式的行为模式只消片刻即可在我们的大脑中完成运行，为后续的种种行为奠定基础。

问题：令人讨厌的主观臆断

也许有人会想，是否存在这种可能性，即只有智商水平低下的人在分析问题时才如此草率、偏颇和欠缺公平呢？毕竟，我们大多数人还是更为谨慎、科学和仔细的。如果你也这么想就大错特错了，诚然，我们可能不会像那些部门经理那样发飙。但是，在面对利益攸关的重大问题时，我们也和他们一样会虚构令人讨厌的情节，认为这就是事实经过，并在此基础上采取相应的行动。

草率结论和贸然假设

为什么会这样呢？20 世纪 50 年代到 60 年代，一些学者曾对归因问题进行过大量研究，他们的目的是了解人们是如何确定一个问题的成因的。为了揭开归因行为的思维模式，研究者描述一段违反社会公德的行为（如一位妇女偷拿同事的钱，一位父亲大声呵斥孩子，一个邻居结账时在你前面插队等），然后让受试者回答这样一个问题："他们为什么会这样做？"

研究表明，人们并不像普遍认为的那样能准确地对行为进行归因分析，我们很容易草率得出负面的结论。我们经常会犯一种初级错误，即假定人们仅仅是出于性格问题（即通常所称的动机），才做出某种行动。为什么那个女人会偷同事的钱？因为她一贯都不诚实。为什么那位父亲会呵斥孩子？因为他总是脾气很坏。为什么程序员没有执行测试工作？因为他们从来都傲慢、懒惰且自私。

我们的判断怎么会如此简单化、如此偏颇呢？因为在大多数情况下，人们判断他人行为时采用的是品质分析法，而不是环境分析法。我们总是认为，人们之所以会做出某种行动，是因为其无法控制的个性使然（即品质问题），而不是因为情境压力使然（即环境）。

如果再深入一层，我们之所以会犯归因错误，是因为在观察他人时，我们更容易看到的是他们的外部行为本身，而不是隐藏在这些行为之后的影响因素。与此相反，我们在思考自己的行为方式时，总是能敏锐地觉察到左右我们选择的潜在因素。有鉴于此，我们在判断问题时很容易形成双重标准，认为别人做坏事是因为他们本来就是坏人，而我们做了坏事则是因为身不由己。

实际上，人们经常会做一些违心的举动，是因为社会压力，没有其他选择或受到了其他力量的影响，而不是什么个人本性使然。例如，那个女人偷钱是因为急需用钱给生病的孩子买药；你的邻居插队是因为忙着照顾两个孩子，没有注意到自己的位置；你的表弟因抢劫便利店而坐牢，究其原因一部分固然是因为贪婪，但另一部分或许是因为自己经营的公司倒闭失败。

基本归因错误

认为别人做出反常之事是因为其本性使然或喜好如此，忽略其他潜在动机的影响，这种观点无疑是错误的。心理学家把这种错误归类为归因错误。由于这种错误的存在范围非常广泛，不受群体、时间和地点之限，因此得到了一个独立的命名，即基本归因错误。

当然，在遇到违反承诺的现象时，我们并不总是得出对方是坏人，希望我们经历痛苦这样的结论。例如，你的一位好友说好开车到牙医诊所接你回家，但是她迟到了半个小时。你暗自琢磨究竟是怎么回事，首先想到的是堵车或出现交通意外，你开始为对方担心起来。

但是，如果这个人以前曾让你吃过苦头，你得出的结论恐怕就非常草率了。你会说她一向不值得信任，或是总喜欢批评你。

身处不利条件下时，人们更容易犯基本归因错误。在关键冲突中，基本归因错误就像万有引力一样无处不在。例如，"迟到是因为她总是以自我为中心，说明她根本就不在乎我，看她来了我怎么教训她！"显然，主观臆断越是情绪化，冲突的结果就会越严重，我们的想象就会越糟糕，整个人就会变得越愤怒，最后导致鲁莽行事。

选择沉默还是暴力

沉默

并不是每个虚构恶劣情节的人都会愤怒地挺身而出，和犯错误的人理论一番，至少他们不会马上这样做。对很多人来说，他们往往需要经过一段时间之后才会变得烦躁或自以为是。实际上，在长达25年的行为研究过程中，我们发现绝大部分被观察者倾向于逃避面对违反承诺、违背期望或其他错误行为问题。

在询问受试者为什么会这样做时，他们的解释是通常情况下，问题初次发生时最好不要去处理，而是让其自行消失。毕竟，很多像这样的问题都只是小概率的异常现象，很少重复发生，所以没必要大惊小怪。可以说，这种观点有一点道理。但如前所述，逃避或许是人们不作为的真正原因。在研究中我们发现，大部分试验对象不愿采取行动是担心这样做会引发激烈争执，人们认为这样反而会带来更多问题，因此不希望惹是生非。这样想似乎并无不妥之处。

但是，这些选择沉默的解释并非科学调查的结果。实际上，我们不愿面对问题是因为我们认为对方是自私、堕落的小人。在我们的潜意识中这种结论仿佛就是事实，因此我们才会产生这样的想法："谁会跟那种人打交道？他们自私、伪善、堕落，根本不是好东西！"——正因为这样，我们选择了沉默不语。

　　无论出于哪种原因，对违反期望和违背承诺行为视而不见都是得不偿失、极其危险的举动。当你面对这种情况选择保持沉默而不是挺身而出时，三种不良后果便会出现。

- 第一，你在默许对方的错误行为。如果你看到错误行为而不加以制止，对方得出的结论是你允许他们这样做。你或许觉得对一次错误视若无睹没关系，但对方却感觉到你对这种行为不加限制，于是会变本加厉，这时你会发现想再面对问题已经为时晚矣。
- 第二，你身边的其他人会感到你在偏袒犯错者，他们会说："我这么干怎么就不行？"
- 第三，由于你没有及时面对问题，随着对方每次重复犯同样的错误，你会把这种行为当作证据，证明自己关于对方动机的主观臆断准确无误。于是，你会继续在脑中虚构丑陋的情节，不断压抑自己的愤怒和失望，直至有一天引爆内心的炸弹。

暴力

　　随着这些问题对你的骚扰和折磨日益加深，最后你会发现自己忍无可忍，一改往日的沉默不语，表现出巨大的暴力倾向。当某人无数次打断你的讲话时，你最后肯定会暴跳如雷；当助手无数次耽误你的工作时，你最后肯定会心烦意乱。当然，你不一定会表现出行为上的暴力，但肯定会采用火爆的语气、愤怒的目光、咆哮的嗓门、威胁的字眼来表达内心的激烈情绪；你会向对方下最后通牒，对其百般羞辱，喊叫难听的绰号，或是在对话中采用其他暴力方式面对问题。

但是，面对你突然的情绪失控，对方会认为你不正常，丝毫没有认识到这种表现是你长期承受压力导致的。他们会想："这个人今天到底怎么回事？啊，我明白了！"他们很快就得出了结论，你这样做不是因为别的，而是因为你既愚蠢又邪恶。也就是说，你的行为反过来帮助对方犯下一个基本归因错误，这种错误进而会让他们保持沉默或是表现出暴力倾向——你们之间等于形成了一个恶性循环。

情绪的突发性暴力宣泄基本上都是由长期默然承受痛苦、压力引起的。

暴力的沉重代价

你从沉默转向暴力时，就无法以成熟、可控的方式和既定方案展开关键冲突对话，无法实现令人满意的问题处理结果。实际上，只要你采用暴力形式面对问题，结果必然是非常可怕的。

（1）你会变得虚伪、嗜虐成性且极度愚蠢。在成长过程中，我们很多人都会立下各种誓言。比如，当父母因为琐事惩罚我们时，我们发誓以后绝不会这样对待自己的孩子；当老板对我们大发脾气时，我们发誓自己一定不要这样对待下属；当我们看到朋友面对问题退缩时，我们发誓自己一定会坚强面对。

然而很不幸，这些誓言并不能让我们远离各种困扰。当我们发现其他人的错误行为，大脑中开始虚构丑陋的情节，在肾上腺素的刺激下应对问题时，殊不知我们已经变成了自己发誓不要成为的那种人。当然，没人会故意把自己变得头脑简单，其实各种愚蠢的观念是悄无声息地在我们的意识中形成的。是我们自己要去虚构各种丑陋的情节，使我们无法正常思考，在肾上腺素的影响下自认为在道德水准上高人一等，无论选择沉默或暴力方式应对问题，我们总是振振有词地说："这是他们自找的。"

有时候，我们受到体内激素的影响变得极度愚蠢时，往往会形成荒谬可笑的观点。例如，"我的确对他们很粗暴，但对这些人不粗暴不行。你不用鞭子抽着，他们不走，靠讲道理行不通。"

实际上，我们即使不是白痴，也会形成上述观点。在很多场合，这种观念甚至是以铁血纪律的形式每天灌输给我们的。只有粗暴对待对方，他们才会改掉身上的问题，这种想法其实已经成了普遍存在的事实。

例如，对于体育教练取得的辉煌成绩我们常常不吝表扬，如果他们在训练中粗暴对待队员，我们不但不以为然，甚至还会把队员的成功归结为教练专横惩罚的训练方式。在好莱坞电影《冰上奇迹》中，1980年美国国家冰上曲棍球队顽强拼搏，最终艰难地战胜强大对手赢得冬奥会金牌。在这部电影中，球队教练始终在谩骂、羞辱和利用球员，因为他们需要用这种方式来激发斗志。显然，赢得奥运会金牌的希望还不足以鼓舞球队的士气。这位教练必须让队员痛恨自己，把自己视为公敌，只有这样才能形成强大的凝聚力。

当球队最终赢得决赛时，电影院内的观众不仅欢呼雀跃，还对教练的粗暴训练法赞不绝口。在离开影院时，不少人说："这位教练太厉害了！真牛！"我们之所以会赞扬很多教练以及一些公众人物粗暴解决问题的方式，或许是因为他们的公开举动让我们觉得自己的情绪爆发是完全有道理的。

他们表现出的怒火、奚落和花招让我们相信，即使对青春期的儿子大发雷霆也是对的，因为"这样是为他好"。

其实，这种愚蠢透顶的想法早该被消除了。没有人活该遭到粗暴对待，无论是身体上或精神上都不应承受暴力，这样做对他们没有好处。的确，人们是应该承担自己的责任，没人质疑这种要求，大家都希望身边的人能做到这一点。但是，靠使用粗暴方式，靠羞辱或威胁他人来实现这个目标就不对了。弗里德里希·尼采（Friedrich Nietzsche）曾经说过，打不倒我们的东西会使我们更坚强，这句话流传甚广，但很多情况下并不正确。在涉及人们的情绪问题时，粗暴对待他人绝对不是造福，而是在毁灭他人。

当人们利用粗暴待人的手段取得成功时，这种手段并非取得成功的原因。50多年来有很多学者做过调查，结果表明粗暴管理方式长期来看不会给企业带来成功，即使可以实现短期成功，这种成就也是不道德的。我们的调查也发现，成功的管理者、教练和父母（以及关键责任对话高手）从来不粗暴对待他人。即使在少数头脑发昏的时候他们偶尔会用比较激烈的方式宣泄情绪，但他们从来都不认为他人需要或是理应受到粗暴虐待。

注意！

如果你发现问题，脑中开始虚构丑陋的情节，在肾上腺素的刺激下思维短路，然后以粗暴愚蠢的方式对待他人，千万别说这是他们自找的或是这样是为他们好。这种鬼话只有极度愚蠢的人才相信，它们不过是你为自己的卑鄙行为寻找的借口。我们要认清的事实是，无论在家庭、工作中还是在运动场上，任何形式的粗暴虐待行为都是极其错误的，都是必须杜绝的！

（2）你会成为众矢之的。假设你正坐在跨越太平洋的飞机上，旁边有一个小朋友在过道上玩得不亦乐乎，还不时发出刺耳的叫喊声。这种情况持续了好一阵，整个机舱的乘客都皱起了眉头，心里泛起同样的想法：这孩子太吵了，应该老老实实回到座位上待着。就在这时，你身旁有个家伙一把抓住那个小女孩细嫩的胳膊，大声吼叫让她闭嘴，吓得小女孩哇哇大哭起来。

你猜接下来会发生什么情况？没错，原来想让那个小姑娘保持安静的乘客一下子转移了目标，希望这个粗暴的家伙能得到惩罚。可以说就在一瞬间，人们的注意力从孩子转移到了施暴的成人身上。大家开始同情那个可怜的女孩，态度和刚才相比出现了 180 度的大转弯。

在前面的软件开发案例中，管理者也是通过昂贵的代价学到这个教训的。他们完全可以派善于沟通的人去和程序员打交道，搞清楚事实经过，但只因为一念之差选择了以粗暴方式面对问题，结果把本来有理的事情搞成了没理。他们的每一次爆发、每一句咒骂、每一条威胁，其实根本无法解决问题，只会增强犯错者坚定自卫的决心。

当然，这种情况并不表示犯错方因此就摆脱了困境，它说明管理者如果处理方式不对会使自己陷入麻烦。在面对关键冲突时，无法成熟冷静地思考和处理问题只会让你处于被动。当你无法正常思考，开始做出愚蠢行为时，人们的关注点就会从犯错者转移到你的身上。

（3）主观臆断会帮我们为错误行为开脱。主观臆断的危害在于，它让我们无法把犯错者当作一个正常的人，而是当作一件东西，或者说好听点儿当作一个恶棍来看待。这种行为会夸大别人的缺点，使我们对自己的角色熟视无睹。它能让我们坚信别人都是白痴，证明我们对这些人的施暴行为是完全合理的。

但问题的实质在于，你不会和恶棍一起解决问题，你只能和正常人一起面对冲突。在开始面对关键冲突之前，你必须利用本章介绍的内容，努力把对方作为一个人来对待。尽管他们犯了很严重的错误，但这并不能否认他们依然是人这个事实。不要小看这一点，这个认识差异直接决定着关键冲突能否得到顺利解决，因为问题解决高手总是先设定良好的讨论气氛，努力避免做出主观臆断。

那么，我们该如何避免主观臆断，特别是在感觉自己理直气壮的情况下不去虚构情节呢？我们该如何避免基本归因错误，避免陷入愤怒情绪，避免出现充满敌意的讨论气氛呢？

解决方法：还原事件真相

无论主观臆断还是它带来的痛苦结果，都是在我们的思维过程中形成的，因此我们只能从这个角度去寻找解决方法。对于问题解决高手来说，他们在观察到问题之后的做法是努力补充和还原整个事件的真相。他们不会简单地下结论，说："那人到底有什么毛病？"而是这样思考问题："为什么一个充满理性、神智健全的正常人会做出这种行为呢？"

通过询问这些"人性化"的问题，经常需要面对关键冲突的人可以同时从环境和性格两个角度对人们进行分析。这样做的好处是，它并不认为人们出现错误行为完全是个人品质使然。影响力大师会关注错误行为发生时的环境，问自己："还有哪些影响力因素对此人造成了影响？他如此行为的真正原因是什么？既然他是一个理性的人，为什么会做出非理性或不负责任的事？我的分析有没有遗漏任何潜在影响因素？"

要想回答这些问题，你首先必须做到把对方当作一个正常的人来看待，肯定环境因素对其行为的影响，而不是采用偏激的传统思维方式，一上来就怀疑对方"有什么毛病"。学会用环境观点来放大观察视野，你不但会对人们行为方式的原因产生更深刻的认识，最终还能开发出不同的手段实现冲突管理。

六种影响力

为便于扩展对人类行为的观察，我们设计了一个包含六个单元的模型，用于揭示所有行为（包括违反承诺行为）潜在的根本原因。模型顶部是行为选择的两种构成条件，也就是说，要做出某种行为，一个人必须既有动机又有能力。模型中的每一个单元都受三种影响力来源的作用，即个人、社会和结构。

	动机	能力
个人	1 主观意愿	2 客观能动性
社会	3 同伴压力	4 外界帮助
结构	5 奖励与惩罚	6 组织、环境与工具

个人

第一种情况：个人动机。对于导致人类行为出现的第一种情况，我们并不陌生。单独考虑这种因素，便会形成基本归因错误。人们总是根据其个人动机或品性做出相应的举动。这样做能否创造动机？人们是否不顾他人的想法和感受做出某种行动？这样做带来的是快乐还是痛苦？这种思维模式早已在我们的大脑中建立起来，而且有一定的意义，因为人们的行为的确需要具备动机。人类的某些活动的确可以带来快乐，同样有些人也的确会以折磨他人为乐，这也是一种动机。但是，如果我们在考虑问题时只看到动机这一个方面，这种思维模式便会成为导致我们出错的一种影响力。

第二种情况：个人能力。如果加上个人能力的影响，我们会形成较为全面的思维模式，对于一种行为提出这样的问题，"对方是否具备实现承诺的动机"以及"对方是否具备实现承诺的能力"。（即人们是否擅长做出特定行为？是否具备实现某种行为所需的技能？）通过这种扩展（从只考虑动机到兼顾动机和能力两个方面），我们承认的是这样一个事实，即人们不但一定会做他们想做的事，而且必须具备做这件事所需的思维和行动能力。例如，你们公司的客服代理没有给火气冲天的顾客回电话，或许是因为他们不知道该如何消除对方的敌意；医护人员不愿坚持使用保护性手套，或许是因为每次穿戴太麻烦。

学会从两种角度看待问题，我们在分析事件经过时就能做到比较客观。我们不应把违反承诺的人看成是动机不明的，因此认为他们既自私又麻木，而是应当考虑到这样一种可能性——或许他们已经尽力去做了，只不过遇到了某些障碍或难题。

学会体现好奇精神

承认问题的产生可能存在多种不同的原因，这种思维方式会改变我们处理问题的方法。在面对问题时，我们不能主观臆断，不能自以为是，不能被怒火冲昏理智，而是要放慢节奏、全面分析。我们要做的是保持一颗好奇心，而不是贪图一时发泄之爽。我们应当搜集更多的相关信息，而不是卷起袖子动粗。换句话说，我们必须从法官、陪审团和行刑人的角色转变成充满好奇心的事件参与者。

社会

每个人都不是生活在与世隔绝的环境中的，我们做出承诺，肯定也希望能实现承诺。而且，我们也具备实现承诺的能力。但是，如果在此过程中牵扯到其他人，情况又会发生怎样的变化呢？我们的同事、朋友和家人是否会成为我们的动机，是否会影响我们的行动能力呢？鉴于社会力量在人类生活的各个方面都发挥着重要影响，我们在分析人类行为模型时也必须考虑这种因素。

第三种情况：社会动机。看到成年人的谈话方式，你会觉得圈子压力早在毕业舞会之后就已经消失殆尽了。我们总是告诫自己的孩子，让他们不要受朋友唆使去做错误的事情。然而我们很少意识到的是，这种来自同龄人的影响力在我们身上其实并没有消失。成年人的圈子压力或许不如青少年群体那么明显，但其影响力也相当可观。

例如，面对下面的案例你会怎么看？软件组监督员走到一位测试员工面前，对他说："克里斯，我们的工作进度有些落后了，你能加快些速度吗？"

"你的意思是？"克里斯有些不解。

"我是说，这款软件看起来没什么问题，我们是不是可以跳过最终测试环节？"

就这样，一项至关重要的工作被省略了。

我们是否总是会受到同事、老板、顾客，或者说受到所有其他人的影响呢？还记得所罗门·艾斯克和斯坦利·米尔格拉姆的研究结果吗？他们在实验中模拟的社会压力不但会迫使人们改变观点和撒谎，甚至不惜用电流对他人造成身体上的痛苦。我们得知孩子或成人竟然会为了寻求接受感而做出如此荒唐的行为时，是否会感到吃惊呢？医疗工作者违反行为标准，科学家对安全规定熟视无睹，财务人员眼睁睁地看着同事做出违法行为却无动于衷，为什么会出现这样的情况呢？道理很简单，因为他们受到了周围人群观点的压力。当其他人面对问题都保持沉默时，这种压力会让他们怀疑自己的信念是否正确，希望被人接受的念头迫使他们最终做出随波逐流的决定。可以说，圈子压力是造成愚蠢决定的重要原因。

第四种情况：社会能力。除了对行为动机造成影响之外，他人还会对你的行动能力造成影响，起到帮助或阻碍两种不同的作用。为了帮你完成工作，你的同事必须提供援助、信息、工具、材料，有时甚至要提供工作许可。除非你完全依靠自己工作，否则的话，没有同事的帮助你将一事无成。

以软件工程师为例，他们的工作也需要众人的帮助。没有测试人员，他们的软件出了问题怎么办？没有后勤人员，服务器断电怎么办？像这些难以预料的问题，谁能保证不会发生？或许，这就是软件测试部让总装部大为光火的原因，这才是你真正需要讨论的重点。因此，在没有得到全面信息的情况下，千万不要贸然下结论。

学会检视自我。说到人际压力，我们自己的影响也不可忽视，因为我们也是人，肯定也会对他人的行为造成影响。换句话说，你的行动方式对他人的影响或许正是让你感到困扰的潜在原因。因为你看待问题的角度存在问题，在审视自己发挥的作用时总是站在错误的方向观察。例如，你的下属没有按时完成任务，可能是因为她不喜欢你提出要求的方式，认为你太过强势、苛刻，无视她的需要像催命鬼一样命令她完成任务。尽管她表面上什么都没说，却在行动上说明了自己的立场。她会把你的任务放到最后，然后轻描淡写地说："抱歉，实在没时间做。"

在家庭生活中，我们也会遇到相同的情况。面对丈夫对你的孩子（他的继子）的冷漠和惩罚，你感到束手无策，很想知道其中的原因。这个问题难道只是对方自私、急躁那么简单吗？你有没有想过，或许是因为在他遇到压力时你没有和他一起分担？或许是因为你的一些做法让他感到孤立无助，进而对要面对的问题感到愤怒呢？显然，这些影响足以让他觉得粗暴地对待你的孩子并无不妥之处。

但这还不是全部，作为他人"社会影响力"的一个重要组成部分，你还可以影响他人实现你的期望的能力。比方说，上次你的儿子为什么没有及时完成自然课作业？是因为你在下班回家的路上忘记给他买制作火山模型的材料了。当然，当这种情况发生时，你会马上意识到自己的问题。当你阻碍他人的行动能力时，你才有可能注意到自己的角色。如果你让对方感到失望，他们肯定希望能和你一起探讨问题。

当你的行为举止或处理问题的方式会导致他人抵抗时，他们往往有意保持沉默，拒不履行自己的承诺，而你还蒙在鼓里，根本没有意识到自己才是问题的真正原因。你会听到各种借口，但得不到任何真正有效的信息反馈，当你身居重要管理职位时更是如此。在这种情况下，你要做的是学会自我检视，学会从不同的角度来看待问题，扪心自问："在这起事件中，我有没有做得不对的地方？有没有忽略自己身上的问题？"

尽管你很清楚，人们的行为有时会导致他人的退缩、憎恶、拒绝响应或拖后腿等恶劣行为，但别忘了，其实有时候你也会成为这样的人。

结构

在观察人们从事日常活动时，你会发现很多行为是受他们身边的外部条件所影响的。换言之，我们的很多行为往往是结构化世界施加影响的结果。当然，要想清晰地察觉到这种影响，我们必须经过一定的训练。实际上，很多人对自己周围的环境都缺乏敏锐的观察能力，要了解别人周围的环境就更不可能了。

例如，正在减肥的你并没有意识到这样一点：虽然你放弃了午餐，但口袋里的现金或信用卡还是会诱惑你购买高热量的餐厅食品。你感到很饿（个人动机），你的朋友让你吃午餐（社会动机），你的信用卡（结构化动机）最终让你做出错误的选择。此外，诸如房间内冰箱位置的远近，以及你是否经常在冰箱里储藏垃圾食品等不起眼的小问题，其实也是影响行为的外部条件，它们都会左右你的行为结果。

在分析行为原因时，人类不会直觉地把目光转向外部环境、组织力量、机构因素和其他客观条件。我们经常忽略设备、材料、工作规划或温度等外部条件对行为产生的影响。同样，对于目标、角色、规定、信息、技术以及其他影响动机和能力的外部因素，我们也经常视若无睹。

第五种情况：结构化动机。外部条件是如何影响人类行为动机的呢？很简单，我们都知道金钱（及其带来的物质）可以提供行为动机，当金钱被用于激励错误的目标时会出现怎样的后果呢？例如，降低经营成本可以让管理者得到奖励，而超时工作可以让员工得到更多报酬，于是两者之间便出现了不可调和的冲突。质检专家靠检查出不合格的物料获得奖金，而生产工人靠装运更多的数量来挣工资，两者之间也会形成势如水火的矛盾。也许提高团队建设能力可以减少这种问题，又或者冲突应对训练可以化解纷争——瞧，对此总有人提出看似高明实则无益的解决方案。

在寻找此类问题的潜在原因时，经验丰富的管理者会迅速把目光投向奖励机制，调查薪金、职务提升、工资分配、福利、奖金和其他各种组织奖励手段对个人行为造成的影响。聪明的管理者和父母都知道，你不可能既奖励 A 又让 B 感到满意，这是非常愚蠢的念头。

我们来看看这种影响力在社区活动中是如何应用的。在很多城市的老城区，销售毒品被很多边缘青年视为致富的重要手段，这种情况让城市管理机构头疼不已。实际上，造成这种行为的原因不仅仅是其他人的教唆（即他人影响），更重要的原因是经济利益。除非这些年轻人能找到其他获得经济来源的途径，否则销售毒品这个社会毒瘤很难被彻底清除。

同样，夫妻之间的关系也会受到这种影响力的影响。如今，成千上万的婚姻关系正受到冲击，原因是夫妻一方或双方为了提高社会地位和获得财富，往往把全部精力都投入到工作中去，这样无疑会让他们的家庭生活付出代价。

第六种情况：结构化能力。至于行动能力方面，外部条件会对其产生沟通和障碍两种影响。例如，作为管理者，你希望营销部的人和生产部的人能定期碰头。由于彼此之间合不来，这两个部门一直不相往来。尽管你费了不少力气为这两个部门设定了共同目标和奖励机制，但营销部还是把生产部的人叫作"暴徒"，而生产部则以"滑头"回敬对方。你暗自琢磨，如果能让两个部门的人定期碰头，或许这个问题就能得到自动解决。可是究竟该怎么做呢？怎样才能让他们经常碰头，让他们最终形成合作关系呢？

为此，你写了一篇振奋人心的讲话稿，可是大家听了都无动于衷。你在公司的绩效考核会议上提出"部门协作"新目标，大家还是毫无反应。你使出浑身解数，又是演讲，又是警告，甚至推出了名为"每月协作之星"的奖励计划，让部门主管推荐表现优秀的员工领奖，但结果还是不理想。他们总是来回推脱，称找不到合适的员工。

最后，你决定跳出这种思维模式，尝试动机之外的影响力。显然，对这些人搞什么奖励根本就行不通，看来还得想别的办法。你灵机一动，想能否在办公布局方面做点手脚，以便两个部门的员工有更多的机会自然接触呢？

没想到，这个想法彻底解决了你的难题。实际上，如果你想让两个部门的人频繁接触，选择临近原则是最有效的。在考虑人际互动频率问题时，邻近性（即互动者之间的距离）是最明显的指示器，因为彼此邻近的人互相碰头和交流的机会最多。

在工作场所中，使用同一个休息区或资料室的人也会经常碰面。只要把营销部搬到生产部附近，为他们开辟共同活动区，这两个部门的员工就会逐渐熟悉起来。由此可见，距离的远近尽管是一个无形的因素，但却能对人们的行为方式产生重要的影响。

此外，影响人类行为方式的其他外部条件因素还包括以下几种。

（1）工具。工具对于社会结构产生的深远影响有时甚至超出人们的想象。

- 厨师和服务员经常为顾客点了什么菜，以及先上哪一桌的菜等问题吵得不可开交，直到有人设计出可控制和管理点菜顺序的金属盘，这个问题才得到顺利解决。有了这个工具，服务员再也不用对厨师大呼小叫，而厨师也不会因为弄错顺序而发脾气了。

- 儿子总是无法在"天黑之前"回家，为此经常受到母亲责骂。实际上，这个孩子只是搞不清楚天黑到底指几点钟，所以才玩到天真的黑透才回家。当然，当邻居送给他一只手表，母亲告诉他准确的回家时间之后，这个问题就彻底解决了。

- 为了避免妻子和女儿洗澡时间过长，父亲经常会关掉热水开关，这种做法遭到了母女两人的痛恨。直到有一天，妈妈买回来一个计时器放在浴室里，这个问题才彻底结束。

- 有这样一家人，他们认为是微波炉导致了父母和孩子之间关系的疏远。乍一听，这个理由太蹩脚了，但实际上问题的确如此。因为家里买了微波炉，以前一家人开开心心围坐在一起吃晚餐的日子一去不复返了。有了这个新工具，孩子们什么时候饿了都可以弄些简单的食物填饱肚子，再也不把吃饭当作一件正事。显然这是一个让这家人始料未及的情况，使家庭成员之间的关系逐渐出现问题。

当然，工具本身并无好坏之分，它们只是对我们的行为产生了令人难以想象的影响力而已。

（2）数据。某金融服务公司长期以来一直无法帮助客户实现削减成本的目标，直到后来完全公布其成本数据和财务记录才使这个问题得到解决。同样，很多工厂也希望实现这个目标，为此它们现在的做法是公布每一种生产零件的成本。在某大型市区医院，医务人员经常使用橡胶手套（30美元一副）而不是手感较差的乳胶手套（3美元一副），哪怕只是进行时间很短的医务操作。在尝试各种成本节约的宣传工作之后，医院发现问题并没有得到解决。最后，管理人员在各科室醒目位置张贴了两种手套的成本差异，结果该医院的手套采购成本几乎在一夜之间奇迹般地出现大幅下滑。

再比如，面对孩子今天要名牌球鞋，明天要名牌跑车的无理要求，一位父亲感到疲于应付。一天晚上，他突然想到，或许可以用公布信息的方式来面对关键冲突，于是开诚布公地和孩子进行了一次谈话，把家里的财务状况告诉对方。结果他的女儿竟然破天荒地提出要做夜工，帮助家里解决经济问题。（此事千真万确，并非我们杜撰的。）

还原事件真相

你发现人们没有尽到应尽的责任时，心里肯定愤愤地想："这些人到底怎么搞的？"很自然地，我们开始在大脑中虚构丑陋的情节，把这些人想象成自私自利或是没脑子的怪物。每当我们把对方视为有动机、有行为能力的人，认为他们的举动是受到多种因素的综合影响时，事件的真相才会逐渐浮出水面，我们才会逐渐变得成熟理智。也许，人们无法实现承诺，只是因为他们不知道该如何去做。同样，学会探索事件真相还有助于我们从源头扼制愤怒感。因为我们并不确定事件的具体发生原因，因此会以好奇心取代头脑被蒙蔽时表现出的无知怒火。这种方式能让我们站在更有利的角度，作为一个心思缜密的科学家而非四肢发达头脑简单的暴力警察去处理问题。

外部条件和事件真相的综合作用，说明关键冲突问题具有高度的复杂性。对经验丰富的问题解决者来说，社会力量对问题可能产生的重要影响是绝对不能忽视的。只有傻瓜才会故意把人们及其寻求归属感、尊重感和认同感的愿望对立起来，孤立地看待他们的行为本身。可以说，了解外部条件的影响是有效解决冲突的必要前提。

最后，如果我们希望成为真正的关键冲突应对高手，就必须学会考虑物理因素，即违反承诺行为的外部条件。当然，这种能力并不是天生的或直觉式的。实际上，在分析行为的根本原因时，没有多少父母或管理者一开始就会同时考虑奖励机制和外部环境因素两方面的影响。掌握了这一点，你才能成为解决问题的高手。

使用六种影响力

把上述六种独特而有效的影响力因素综合起来，即可得出六种影响力模型。如前所述，该模型是一种重要的诊断工具，可以帮我们深入分析特定行为的产生原因。

前情回顾

在本章开头，我们介绍了一个软件开发小组遇到的问题。那么，软件出现问题的根本原因到底是什么呢？根据影响力模型，我们发现整个事件过程中可能存在以下几种影响力。

- 一位监督员被派往现场调查问题，结果发现程序开发员不熟悉最新版的测试程序（个人能力）。
- 监督员准备对程序员进行培训，但培训材料在市中心的公司总部（结构化能力）。软件开发团队负责人说会去取培训材料，但并没有这样做（社会能力）。
- 软件开发团队负责人没有拿到培训资料，是因为半路上接到了新任务，要去接待来自总部的某个重要领导视察（社会动机）。

好了，我们回头再来看这个问题，程序开发员跳过测试流程真的是因为他们不喜欢这样做吗？情况看起来好像是这样，但实际上并非如此。所以，如果管理者错误地认为是程序开发员主观上不愿这样做，并因此对他们进行惩罚，不但无法找到问题的真正原因，而且肯定会遭受无辜受害者的憎恨。

结论

善于解决问题的管理者和父母既不会对问题放任自流，也不会让自己沉浸在自怨自艾的苦闷中无法自拔。如果有人确实做出了错误的行为，关键冲突应对高手肯定会积极地面对和解决问题，本书后面几章将会对这些具体做法进行详细说明。

到目前为止，我们所做的都是自我分析工作，要确定我们面对问题时的第一想法、第一态度和即将出现的讨论气氛。我们要学会的是必须努力避免想当然的心理倾向，把对方想象成十恶不赦之徒。因为这样会驱散我们了解事实真相的好奇心，以错误的言行举止破坏顺利解决问题所需的良好气氛。那我们怎样才能做到这一点呢？答案就是努力还原事件真相。

梳理头绪

现在，我们已经准确地确定了关键问题，而且做好了应对问题的充分思想准备。简而言之，通过分析和问题相关的所有可能的影响力因素，我们已经学会了如何还原事件真相。

- 梳理头绪：这是关键冲突解决模型的第二步，出现在正式应对问题之前。在应对关键冲突时，切记不要根据一知半解的信息自以为是地虚构事件发生过程，这样会形成非常不利的问题解决氛围。为避免这种可怕的错误，在开口之前你必须调整自己的思维方式和感受，了解事情的确切经过。

- 还原真相：假设自己是事件中的当事人，扪心自问一个充满理性、神智健全的正常人为什么会做出这种错误行为。

- 分析六种影响力：从个人、社会和结构三个方面入手，探寻它们在动机和能力这两个角度对人们保持承诺行为造成的影响。

- 在动机的基础上分析他人的影响：你身边的人是否赞扬和支持希望看到的行为，反对不希望看到的行为？奖励机制是否有效？如果人们做到了应做之事，他们会得到奖励还是惩罚？

- 不要忽视能力的影响：对方是否具备做出某种行为的能力？你分配的任务是他们的工作强项还是弱项？行

为者身边的人对他们造成的影响是帮助还是阻碍？行为者周围的外部环境为他们提供的是沟通作用还是障碍作用？

下一步

现在我们已经做好充分准备，可以开口和对方讨论违反承诺的问题了。那么，我们该怎样描述自己观察到的行为差距呢？我们首先应该表达的是什么内容？请看下一章。

第二部分

安全应对

在关键冲突时如何行动

有了安全的讨论氛围，你才可以随心所欲地和任何人讨论任何问题。对于问题解决高手来说，要想从思考顺利转向行动，必须通过以下方法创造安全氛围。

- 他们会建立良好的开场，知道如何使用安全的方式描述表现差异，让对方放下心理包袱和自己侃侃而谈（见第 3 章）。

- 他们知道如何帮助对方处理不同的竞争需求，知道如何在必要的时候进行处罚（见第 4 章）。

- 他们知道如何帮助对方寻找解决方法，帮助对方面对能力障碍问题。他们能帮助对方更轻松地遵守自己的承诺。他们理解增权原则的重要意义（见第 5 章）。

- 最后，问题解决高手知道如何处理关键冲突应对过程中出现的意外状况或突发性情绪问题（见第 6 章）。

问题描述

如何准备关键冲突对话

怒不可遏时的话语是最令人后悔的表达。

——安布罗丝·比尔斯

我们该如何面对

你已经选定了关键问题，准备直接面对，而且分析了问题背后可能的影响因素，现在可以展开行动了。不过在开始行动之前需要明确一点，任何人都不能存有幻想，认为自己可以轻松解决复杂棘手的人际关系问题。实际上，没有人能百分之百地确定这一点。

我们来看一个监督培训活动的案例。某个周五的下午，老板走到一位踏实勤奋、能力出色的员工身旁，拍拍他的肩膀说："恭喜你高升了，下周一早上到新的工作岗位报到。"这一幕有什么问题吗？没错，在处理棘手问题或违反承诺问题时，员工很少看到管理者解决问题的方式，它们通常都是关起门来私下解决的。

对那些盛产管理人员和企业总裁的商学院来说，它们很少教授人们领导术。大部分商学院课程都是关于管理和企业经营的，根本没有领导力课程。即使在个别情况下推出一些此类课程，其关注点也无非是领导者的思维方式，但从未具体说明到底应该怎么做。至于如何应对关键冲突，在它们的课程表上更是难觅踪影。实际上，在商业管理中这些教授和学生几乎每时每刻都要面对关键冲突，但从来没有人教导他们该如何处理此类问题。

普通父母面对的问题恐怕就更大了。我们都不愿从他们那里学习社交技能，这似乎已经成了一种叛逆天性。作为儿女，我们总是会这样抱怨："都是因为你们的影响，现在我也学会麻木不仁地面对别人的痛苦了！"

下面才是价值 64 000 美元的关键问题：管理者和父母应该怎样做才能具备为他人设定目标的能力，才能面对棘手的关键冲突呢？难道是通过潜移默化吗？

如果你和其他人一样，没接受过多少影响力培训，欢迎你加入这个群体，希望你能密切留意下面的内容。我们要分享的是问题解决高手的秘诀，看他们如何应对问题，解决面对面的关键冲突。

我们要沟通的到底是什么

在开口之前，我们必须确保和对方思考的是同一个话题，即要沟通的主题到底是什么？

我们要面对的是违反承诺的行为，它是一种表现差异，指的是你期望的结果和实际发生的结果之间的差距，具体包括如下方面。

未实现的承诺、未完成的目标以及其他错误行为

就本书所指而言，这是一种严重的、会导致灾难后果和极其复杂的行为差距，是一种难以应对甚至存在讨论风险的情况。它不是人人都能讨论的鸡毛蒜皮的小事，那种问题不需要本书的指导。

与此相反，正如我们在第 1 章所说的那样，我们要面对的是这样的挑战：如何巧妙应对老板的处处刁难？怎样面对背后中伤你的朋友？如何告诉某位医生他没有尽到责任？怎样处罚具有暴力举止的员工？我们之所以把这些问题称为关键冲突，是因为如果处理方式不当，你会付出巨大的代价。这种代价会让你失去工作或朋友，让你感受到切肤之痛。

错误的面对方式

在研究如何启动关键冲突对话之前，我们先来看看那些敢于面对问题却经常把问题搞砸的人是怎么做的。毕竟，有句老话说得好，失败乃成功之母。

不要兜圈子

第一种错误做法叫三明治应对法。你认为自己只有两种极端化的糟糕选择，要么保持沉默，一团和气；要么坦言问题所在，伤害对方的感受。为此，你决定把两者结合起来，使问题显得不那么残酷。为了最大限度地减少对对方的打击，你的做法是先说上一句好话，然后才指出问题，最后再来一句好话作为结尾。例如，"嘿，鲍勃，你的公文包挺酷的嘛。对了，你知道公司养老金丢失一万美元的事情吗？哇，你的发型太帅了。"

采用突然袭击方式有时也会以转弯抹角的铺垫作为前提。例如，老板若无其事地跟你闲聊，气氛好像不错，就在你放松警惕时对方突然提出关键问题。

最令人讨厌的做法是赤裸裸地设下圈套让你往里面跳，对方会引诱你先否认问题，然后再反过来惩罚你的撒谎行为，如下所示。

"今天在学校怎么样啊？"

"还行，老样子。"

"还行？！校长刚刚打来电话，说你在餐厅跟人打架，这也叫还行？"

对于这些兜圈子的做法，很多人都感到讨厌。这些手段虚伪狡诈，对人充满侮辱，却经常被错误地加以应用。

不要打哑谜

第二种错误做法是，很多人喜欢打哑谜，用各种动作来暗示对方或是进行旁敲侧击，以免和对方进行正面冲突。他们认为这种做法更安全、更便捷，要比当面说出问题更好。有些人几乎完全依靠做暗示来传达信息，例如，他们会皱眉、干笑或是露出关注的神情，以此表达自己的观点。如果有人迟到了，他们会低头看看自己的手表。其实，这种含糊的行为存在很多风险。的确，对方可能会读懂你的意图，但如果他们误读了你的动作信号怎么办？再说，你又该怎么记录管理日志呢？难道说像下面这样写吗？

"2 月 10 日下午 2 点，我扬了扬右边的眉毛，员工马上点头示意，回到岗位继续工作。"

不要诿过

还有些中层管理者错误地认为，只要把自己的上级描述成恶人，那自己就能成功扮演好人的形象。很多父母也喜欢这样做，经常靠批评诋毁另一方来彰显自己是正确的。他们认为，扮演"同情者"的角色可以让下属或子女对自己产生信任感。例如，这样的管理者会对员工说：

"我也知道你不想加班，可总经理说如果你不干，我们就得老实汇报。如果我是他的话，最好大家都早点回家过周末。"

这种做法不但极不诚实、毫无信用，而且往往收效甚微。因为你的下属或孩子并不傻，很快就能看穿这种把戏。可以说，把布置任务的责任推给别人是一种非常不明智的做法，它会极大地损害你的权威形象，只有不敢面对问题的人才会这样做。如果你经常犯这种错误，用不了多久别人就会产生这种印象——你只是个无足轻重的传话员，而且是个胆小怕事的懦夫。

不要让对方费解

如果你去逛书店，寻找关于解决问题的管理作品，肯定会看到如下建议：由于人们总是在自我学习过程中获益最多，因此，不要直接告诉他们你关注的是什么问题，要给他们一些空间去"自我探索"，让犯错者猜测你在想什么，如下所示。

"卡门，你说我一大早把你叫到办公室来是为什么啊？"

"不知道，难道是因为我把公司的车撞坏了？"

"不对。"

"那……是因为我把电话弄出故障了吗？"

"也不是。"

"是不是因为……"

这种应对策略既令人讨厌又毫无效果，根本无法解决问题。尽管这样做的初衷是好的，却让人感到你傲慢十足，喜欢把员工玩弄于股掌之上。

看看问题解决高手是怎么做的

针对上述每一种应对问题的错误方式，我们都有幸观察到成功的父母、监督员和经理是如何做的，他们正是我们应当学习的榜样。在一开始对这些问题解决高手进行跟踪调查期间，我们吃惊地发现尽管来自各行各业，但他们具备的素质和应对问题的方式却惊人地相似。我们本以为在高科技企业、大学和银行等场所会发现沉默甚至敏感的应对方式，在矿场、铸造厂和加工厂等环境会遇到完全不同的另一种情况，结果却证明我们想错了。梅丽莎是某工厂的一位一线监督员，这家工厂的员工在实现工作承诺方面表现得很差。但梅丽莎找到了一种既坦率诚实又尊重对方的方式，很快成为工厂中最有威信的管理者。

老实说，第一眼看到梅丽莎的时候，我们觉得她的成功可能跟她的女性身份有关。毕竟，在面对棘手问题时，女性更容易理解对方的处境，也更懂得如何沟通。因此，我们向工厂经理询问，能否找一位块头较大、面相凶恶，却善于调整人际关系，而非依靠威胁、辱骂和暴力等手段来管理员工的男性监督员作为观察对象。

就这样，布福德成了我们的观察对象（他是我们跟踪调查的第一位高度保守的管理者）。和我们对梅丽莎的观察结果一样，布福德看上去更像是温文尔雅的罗杰斯，而非五大三粗的打手。尽管魁梧的外形有些吓人，但布福德的言行举止很容易让人联想到董事会上的高级白领。他的表现更像是一个小学老师，和周围那些一天到晚对员工呼来喝去的工头大相径庭。

在问到梅丽莎和布福德为何会成为高手中的高手时，工厂经理的回答让我们非常难忘："要找会搞人际关系却无法完成任务的管理者不难，要找能高效组织生产却经常遭到员工反对、无力解决问题的管理者也不难，但是要想找到既会管人事又会管生产的精英，那可是难上加难。"

那么，这两位问题解决高手是怎样在解决问题的同时做到维护健康的人际关系的呢？他们是怎样启动关键冲突对话的呢？虽然我们并不清楚他们对关键冲突问题是如何形成一致的观点的，但我们很快意识到，我们所观察的那些懂得如何解决棘手问题的管理者和父母，全都偶然或必然地掌握着一些完全相同、极其简单却又至关重要的处理原则。

描述表现差异

为保证能在关键冲突对话启动时建立正确的讨论气氛，切记不要鲁莽行事。不要贸然指责、情绪失控、点名道姓，失去解决问题的有利局面。与此相反，你应当做的是描述行为表现的差异。具体做法是：

- 创造安全开场。
- 向对方描述你的看法。
- 以一个问题结束开场白。

创造安全开场

如果对方令你失望，在面对冲突时你首先要做的是描述行为表现差异，即你的预期结果和观察到的实际结果之间的差距。例如，"你说过晚饭之前会整理房间的，现在已经9点钟了，可房间还没整理。"

记住，千万不要跟对方兜圈子，简单直接地描述行为表现差异就好。说明你期望的结果和实际观察到的结果之间的差距，这种方式既简单又明确，能帮助你奠定很好的基础。

基本上来说，这就是展开关键冲突对话的正确方式。但是，如果你觉得不够保险，对方有可能一听你谈起犯错的问题就感到心虚或受到威胁，这时你首先要考虑的是如何确保对方产生安全感，无论你们讨论的是什么话题。

如前所述，我们观察到，问题解决高手在和对方讨论能力不足、失信以及挪用公款等严重问题时，虽然这些话题都很令人不快，但最终仍可以顺利进行下去。与此相反，在观察那些不善解决问题的人和对方进行对话时，哪怕只是迟到五分钟之类的小事，也会让沟通机会升级为一场口水仗。

通过研究这两种问题解决者之间的显著区别，我们终于发现了问题所在。

问题的关键

我们发现，每一次成功的关键冲突对话，都是以安全感为前提和基础的。当对方感到忧虑紧张，感到失去安全感时，你讲的一切都是徒劳无益的。相反，如果你能创建安全感，就能和任何人谈论任何问题，其中自然包括对方违反承诺的问题。

　　当然，关键冲突问题越是充满争议和复杂，你要面对的挑战就越大。但是，只要你能维持安全的讨论氛围，对方肯定会倾听和考虑你谈论的内容。他们也许并不喜欢这样做，但仍然会理解你的观点。换句话说，只要能为对方营造安全的问题讨论气氛，他们就不会陷入沉默或暴力应对两种极端。

　　下面我们就来看看，除了描述表现差异，怎样才能针对所有的对象和话题创建和维持安全的讨论气氛。我们要考察的是，当怀疑对方会出现抵触情绪或是感到紧张不安时，我们该如何开口和对方讨论违反期望的行为问题。

留意对方缺乏安全感的信号

　　在介绍如何营造安全感之前，我们先来简单了解有关安全感的一些基本常识，以便我们能有效地应对各种严重的违反承诺问题。

　　当出现下列两种情况时，人们会感到缺乏安全感。

　　（1）你没有把他们当作平等的对象看待（你的言行没有体现出互相尊重）。

　　（2）你不关心他们的利益（你的言行没有体现出共同目的）。

　　对方感觉到你把他们当作平等的对象看待，而且关心他们的利益时，便会为你提供意想不到的合作便利，愿意倾听你说的一切内容。正因为如此，四岁的外孙女喊你"大胖子"时，你完全不会生气。原因在于，你知道她对你的爱和尊重，知道她的动机非常单纯。毕竟，她只是一个天真无邪的孩子。

但是，如果你的言语或是表达言语的方式让对方感到你不尊重他们，感到你怀有自私和不可告人的目的，那你说什么都是无济于事的。

因为当你和对方讨论表现差异时，他们会在潜意识中敲响警钟。毕竟，你不是在跟他们聊家常，而是讨论严肃的违反承诺的行为问题。因此，他们想立即了解的信息是，我是否深陷危机？他们的老板、父母、爱人或朋友是来寻找问题解决方案，而不是请他们吃饭的，所以他们肯定会有这样的顾虑："到底会不会发生对我不利的事情呢？"人们在评估这种风险时有两个依据，一是当前是否有不利的事情正在发生，二是接下来是否会有不利的事情发生。

（1）互相尊重。在初次描述表现差异时，如果你的音调、面部表情或话语让对方感觉得不到尊重，对他们来说这就是不利的事情正在发生。你不尊重对方，你的说话方式相当无礼，你的态度举止非常粗鲁，你的表达方式趾高气扬。简而言之，你已经在大脑中虚构了一个法庭，而面前这个人就是被判有罪的犯人，至少对方是这么想的。

当然，对于尊重感的缺乏，其表现并不像上面所说的那样明显，通常都是以非常细微的方式流露出来的，有时候甚至只是眉毛的微微一抬，就会给对方留下你不尊重他们的印象（有时候也可能是一句"白痴"让他们感到无法承受）。不管是哪种情况，只要对方感觉到你认为他们是能力不足的、懒惰的，或是产生比这更糟的感受，那你解决关键冲突的努力就算是泡汤了。毫无疑问，这种信号预示着非常令人不快的开端，当对方感到不受尊重时，他们自然会感到害怕，进而采用沉默或暴力等极端的形式加以应对。

（2）共同目的。下面我们来看看超越当前阶段的安全问题。如果对方意识到你的谈话目的和他们不一致，他们就会得出接下来会有不利的事情发生这样的结论。很多情况下，你的思路是这样的：我是来解决问题的，如果对方在这个过程中觉得受到了伤害，那也只好顺其自然。现在的问题是，你的目标是要完成自己的任务，你根本没有考虑对方的目标，这对对方来说可不是好兆头。即使你在启动关键冲突对话时很客气，对对方十分尊重，但如果让他们感觉到你的目的与其不同，他们很自然地会采用沉默或暴力的方式加以应对。这是因为他们必须高度关注自己的利益不受伤害。

在第一时间感觉到对方有不安全感时，你要学会诊断问题出在哪里。他们是感到没有受到尊重吗？还是觉得你的目的和他们不一致？又或者是两种原因兼而有之？接下来，你必须有针对性地调整做法，让对方意识到你是尊重他们的，你无意伤害他们的目标和利益。

当然，在面对违反承诺的人时，要记住这些细节并不容易。通常情况下，我们总是过于关注冲突的具体内容，以致忽略了观察对方是否感到不安，是否需要重建安全氛围。但是，尽管难以掌握，它却是唯一有效的问题解决之道。因此，我们必须学会观察这些信号，看对方是否感到忧虑。如果出

现这种问题，我们必须暂停讨论，分析对方感到害怕的原因，跳出前面的对话，重建互相尊重、共同目标的其中一种或两种因素，具体做法如下所示。

维持互相尊重

你要和对方讨论的是他们违反承诺的问题，这个问题关系到对方缺乏动机，缺乏能力，或是同时缺乏这两种因素，因此没人喜欢听到这些批评。如果你面对的问题更严重，比方说涉及不忠或说谎行为，可想而知对方肯定会先入为主地认为你从骨子里不尊重他们，这一点几乎是毫无疑问的。那么，你应该怎样确保对方不会产生这种感觉呢？

牢记要还原事件真相

显然，我们所说的方法都是有效的。首先，我们要努力尊重对方，以免他们产生不受尊重的感觉。但是，当我们发现问题，虚构丑陋的情节，认为对方十恶不赦时，他们便会感到自己不受尊重。实际上，尽管我们只是在大脑中认为对方有罪，行为上没有流露出丝毫鄙视对方的举动，但我们的表情和肢体语言还是会对他们做出宣判。

因此，要想真正地尊重对方，我们必须给予对方怀疑的权利，必须学会还原事实真相，必须把对方视为充满理性、神智健全的正常人。这种态度最终会影响我们的行为举止、遣词用句以及表达方式，让关键冲突问题的讨论氛围变得更安全。只有这样，当我们发现和讨论问题时，他们才会感觉到我们对他们是非常尊重的。

利用对比法重建互相尊重

有时候，光有好的想法还不够。虽然我们在讨论关键冲突时态度和蔼，但对方一听到要谈问题马上便会联想到我们会对其不尊重。这是因为问题总是代表着坏事情，而他们又是和问题相关的，因此对方会认为我们一定把他们看成了坏人。有了这种先入为主的想法，无论我们多么努力，对方仍会觉得毫无安全感，会陷入沉默或暴力的泥潭，哪怕我们甚至还没和他们开口说过一句话。

为了解决这个问题，我们需要掌握另外一个技巧。这个技巧名为对比法，是一种可先发制人的有效解决尊重问题的手段，同时也是避免基本归因错误的撒手锏。其具体应用如下所示。

在开始展开对话之前，你可以预测对方是如何假设最糟情况的。他们会怎样产生不受尊重的感觉？比方说，如果你提到一个质量问题，对方可能认为你觉得他们技术不够熟练。如果你想讨论某个具体项目中的表现不佳问题，对方可能会想你觉得他们缺乏动力或是不值得信任，抑或是你不喜欢他们，准备采取惩罚措施等。换句话说，你发现了一个问题，可是还没开口对方就已经想了一堆可能面对的糟糕结果。为避免这种可以预见的错误解读，你应当利用对比法来消除误会。首先，你必须想象出对方可能得出怎样的错误结论，然后马上向对方解释你没有这个念头；紧接着，作为对比内容，你必须说明你的真实意图是什么。在应用这个技巧的过程中，最重要的环节是第二步，即解释你没有想引起对方担心的想法，它能消除对方的误解，重建对方的安全感。安全感一旦得到保护或重建，第三步就水到渠成了，即声明你的真实意图。下面，我们通过几个例子来看看对比法是如何重建对方的尊重型安全感的。

"别误会我不喜欢跟你合作，实际上我对咱们的合作很满意。我只是想和你探讨如何共同决策的问题。"

"我没说你在会议上反对我这件事不对，要做出最好的选择肯定要听取每个人的意见。我只是觉得大家认为你的表达方式有些偏激。"

"我知道你已经尽了最大努力来提高成绩，我对你的努力非常满意，对你取得的成绩感到很骄傲。我只是想和你分享一些学习心得，这样或许能帮助你更好地维持学习成绩。"

在初始描述问题阶段，对比法可发挥重要的帮助作用。你要面对的问题越大，对方感到不受尊重的可能性就越大。因此，关于违反承诺问题和错误行为问题的很多讨论，都应当采用具有预防作用的对比式陈述作为开场。实际上，对于希望学习如何解决此类问题的人来说，这项技巧正是他们所需要的。因为它能有效地回答这样一个问题："关键冲突对话该如何展开？"

如果你觉得对方会感到受到冒犯或是会出现防御行为，一定要在开始阶段消除对方的误解，说明你的真实意图。

当然，如果在谈话过程中你突然察觉到对方感到不受尊重，也可以使用对比法解决问题。虽然你没有预测到对方的反应，但可以肯定的是他们感觉到了不受尊重。这时，你可以说：

"非常抱歉，我这么说不是指你有意这样做，我想你肯定不知道自己的做法会有什么影响。所以，我想事先向你说明这一点。"

建立共同目的

当交谈出现危机，对方的语气之重和语速之快开始超出你的想象时，这通常是因为对方误解了你的目的，而非谈话的内容。你的表达一直非常尊重对方，这一点毋庸置疑。你只是想在保持双方现有关系的基础上解决问题，但是对方可能不这么想。他们会认为，你提出这个问题的唯一原因是想羞辱他们，让他们去做不想做的事情，推翻他们的权威形象，或是给他们带来痛苦和悲伤。也就是说，他们会认为即将有不利的事情发生在他们身上。看，主观意识又开始作祟了。

当然，一旦这些错误的想法在对方脑中生根发芽，他们就会表现出愤怒、高度防御和激烈的情绪变化。在身体本能的影响下，血液会涌向他们的手臂和腿部，准备好做出"对抗或逃避"这一极端选择。

只需短短几秒钟，他们就会做出毫无理智的行为。一旦对方体内出现这种化学反应，你就很难再把对方拉回到之前的讨论当中了，你说的每一句话都会被对方视为具有邪恶的目的。当然，由于此刻他们已经变成了只受肾上腺素控制的白痴，逻辑思维能力早就被抛到了九霄云外，所以无论你说什么对他们来讲都已经不重要了。

显然，你绝不能让这种可怕的事情发生。如果认为对方有可能在开口之前就怀疑你的目的，你要采用的是另一种预防技巧——建立共同目的。

在谈起问题之前要学会建立共同点，让对方知道你的目的非常单纯，即解决问题，让事情变得对双方更有利。也就是说，你必须关注对双方来说都很重要的目标，而不是只顾自己不顾对方的目标，这种做法就是建立共同目的。

例如，"如果可以的话，我想花几分钟和你讨论上次我们一起做决定的问题。我的目的是想找到一种方法，让我们在决策过程中都能感到愉快舒适的方法。""我想给你提供一些反馈，我觉得这些反馈能让你的会议变得更有成果（添加对比）。我并不觉得这是很大的问题，不过如果你能做一些小改变的话，我想事情会变得顺利很多。"

注意，如果你的唯一目的是想幸灾乐祸，在解决自己问题的同时让对方遭受不利结果，那又怎么能怪对方自我防御、不肯合作呢？如果你想解决的问题需要付出一定的短期成本（通常情况下都会这样），那就必须考虑长期来看双方能从中得到哪些收益，然后在此基础上确定共同目的，如下所示。

"我担心有个问题会对我们双方都造成影响，如果我们不想办法提高产量，公司就会失去竞争力。我们的顾客已经在研究其他选择方案了，因此我们很有可能出现被迫倒闭的风险（添加对比）。我这么说不是想提出让你感到备受压力的方案，因为以后几年我们都必须面对严重的问题。我只是想提出一个计划，一个能更好地调整生产、可带来稳定预期的解决方案。"

征求许可

如果你要谈的是禁忌话题、高度敏感的话题，或者是在你这个职位上的人一般不会谈论的话题，一定要先征求对方的同意。你要表现得彬彬有礼，不要未经许可就大大咧咧地和对方讨论敏感话题。征求对方同意是一个非常显著的信号，它能证明你很尊重对方，当你是权威或上级时这种方式会更有帮助。而且，这种做法能有效缓解对方的疑虑，让他们不再怀疑你的做法另有目的。

私下交流

这也是一条简单实用的安全技巧，记住一定要私下讨论问题。不管在哪里解决问题，你都要选择自己的办公室或是其他隐蔽的场所和对方面对面交流。一定要注意不要在公开场合对表现行为做出评论，不要在晚餐聚会上和你的配偶发生冲突，不要在公共休息区背后讨论你的朋友、家人、下属或老板。你应当私下讨论这些问题，和当事人面对面地讨论。下面我们就来看看违反这条原则的行为表现有哪些。

（1）不恰当的玩笑。不要用欠缺考虑的玩笑来掩饰公开评论表现的行为，这样做会侵犯个人隐私。例如，"嘿，看看这是谁来了，你该不会是又没找到会议室吧？"

对很多人来说，这是一个很难改变的陋习。一些经典的惩罚性评论往往是经过多年形成的。它们的形式很隐蔽，容易矢口否认；内容很机智，让人感到好笑；讽刺很刻薄，让人觉得厌恶。无论如何，你都要努力避免讽刺挖苦对方的行为。

（2）范围扩大化。另一个要注意的问题是，有些人在会议中或公开场合讨论个人问题时会把其他人牵扯进去，这种怯懦的行为会带来两个问题。首先，犯错者会产生一种幻觉，认为你含沙射影的评论并不是在针对他们；其次，无辜的人会愤愤不平，认为你错误地把他们拖下了水。由此可见，解决冲突问题一定要私下面对，一对一地沟通，不能在公开场合进行。

安全保障技巧的综合应用

下面我们来看看，在关键冲突的开始阶段如何综合利用上述安全保障技巧解决交谈氛围问题，当你要面对的对象职位比你高，权力比你大时，用这种方式讨论问题非常有效。比方说，在和自以为是的老板讨论问题时，你该怎么营造安全氛围呢？

一个真实案例。我们来看看沃利是怎么做的。沃利是一位经验丰富的沟通高手，他手上有一个已经投资了一年的项目，现在自以为是的公司总裁正准备插手他的工作。下面这段对话是发生在两人之间的真实记录。

总裁："你的意思是我们还要花三个月时间搜集数据？简直一派胡言！我要的不是什么数据，而是看到实际回报。"

沃利意识到了老板发火的真正原因。这个问题并不是禁忌话题，老板发火是因为他在交谈中失去了安全感。老板想知道的是沃利是否关注他的利益，是否尊重他的立场。于是，沃利是这样沟通的。

沃利："我想说明的是，我也不愿意浪费时间和资源去做毫无价值的工作，如果搜集数据是做无用功，那我马上会取消这个方案。我知道你面对迫切的时间压力，你放心，最后我会按你的想法去做的。"

感觉到安全氛围已经重新建立起来，沃利又返回到先前的问题上。

沃利："在刚才承诺的基础上，我觉得如果不搜集更多的数据，可能会对项目结果造成一些负面影响。如果你想了解，我可以详细说明其中的情况，然后我们再决定下一步该怎么做。"

此时此刻，公司总裁肯定不会感到有压力了，因为他感到对话正在朝有利于自己的方向发展，因此愿意认真听取沃利的看法了。会谈结束时，公司总裁表示同意沃利的意见，认为数据搜集是一项很重要的工作，愿意支持这项工作的继续进行。

向对方描述你的看法

下面我们来看看描述行为差异的第二步。我们营造了安全氛围，尽最大努力避免了对方在交谈过程中感到紧张忧虑。在需要的时候，我们要采用先发制人的对比法战术，介绍或描述我们的共同观点。当对方感到安全时，我们才能开始描述行为差异。

常见错误

在开口之前，我们先来介绍一个研究受试者的经历。这位受试者名叫布鲁诺，是我们最喜欢的受试者之一，也是本书作者在工作过程中观察的第一批管理者之一。此处介绍布鲁诺并不是因为他解决问题的技巧高超，而是因为他总是做错事、办坏事。换句话说，他的做法其实是我们的反面典型。

（1）不要让对方丈二和尚摸不着头脑。已经上班十分钟了，本书作者跟在布鲁诺身后，随他一起做工作巡视。他在办公区内走来走去，每个员工都在自己的工位上忙碌。

布鲁诺走到一位下属身旁，恶狠狠地说："你最好给我小心点！"他围着这位员工的工位走了两圈，目光就像凶残的秃鹰，一边走一边摇头，露出非常厌恶的神情，嘴里不知道在嘟囔着什么。直到觉得发作够了，他才转身离开。不难想象，那位员工肯定是一脸诚惶诚恐的表情，被老板的行为吓坏了。

布鲁诺对我们说："让员工时刻保持警惕，这是我的管理格言。"这话还真是一点不假，在整整四个小时的观察过程中，我们发现布鲁诺没有下达过任何明确的指令。他总是用一些含糊的表达来激励员工，例如"要保持状态""要解决问题""这样可不行"，还有大家都不陌生的口头禅"注意你的态度"。

实际上，大家都被他搞得晕头转向，不清楚他究竟想说什么。可以说，他的做法既让人讨厌，又解决不了问题。然而奇怪的是，布鲁诺却是有意为之，想保持一种模糊感，他认为这是一种折磨手段。当然，这种做法大概也只有他会用。大部分人都不愿在陈述问题时模棱两可，他们有时候只是无法清晰表达自己的想法而已。无论出于何种原因，缺乏明确感都是解决关键冲突要面对的大麻烦。试想，如果对方连你要表达的问题内容都搞不清楚，你又怎么指望他们做出行为上的改善呢？

模型分析。为明确说明我们想要讨论的问题细节，我们不妨回到前面的行为发展模型，看一看我们是如何从外部观察一步一步发展到具体行动的。

所见所闻　主观臆断　形成感受　展开行动

还记得这个图吗？我们在第 2 章向大家介绍过。当别人做出某些行为时，你会产生见闻，会想当然地虚构一个动机来解释对方的这种行为，然后在此基础上你会形成特定感受，最后这种感受导致你做出某种举动。当这个模型中添加了行动结果之后，我们就已经准备好和对方讨论问题了。实际上，在开始讨论问题时，管理者经常只能看到不利的结果。这样就会产生问题：你应当讨论的具体内容是什么？你应当和对方共享的是模型中的哪个阶段，是初始行为、行为结果，还是你的结论或感受？你应当怎样和对方共享问题阶段？

（2）不要得出指责性的结论。在和对方讨论关键冲突时，我们总是倾向于带着先入为主的判断或自己虚构的情节。毕竟，我们对对方行为目的的看法会让自己感到非常气愤。对我们来说，他们的恶劣目的本身就是问题所在。但不幸的是，当我们带着这种判断去讨论问题时，往往会得出错误的结论，如下所示。

- "真不敢相信，你竟然在会议上故意取笑我！"
- "你根本就不关心这个家，难道工作就那么重要，一时一刻也放不下吗？"
- "你太没自信了，怪不得没人相信你的观点。"

当我们和对方共享此类令人不舒服的主观判断时，他们了解到的是我们得出的结论，而不是他们做过的事情。他们只能猜测我们讨论的内容，因此这种策略非常含糊、极不准确，而且代价高昂。

陈述事实

作为一条基本原则，在向对方描述你的看法时，最好的做法是陈述事实，描述你看到和听到的事件，而不是抛出自己虚构的情节。如果你不顾事实去主观臆断，对方很可能会展开自我防御，对你产生敌意。与此相反，正确的做法应当是描述对方的具体行为。

- 关注客观因素。描述你想法之外的事实（如"你打断了别人的讲话"），而不是你脑中形成的看法（即"你这人真是粗鲁"）。

- 解释现象而非原因。事实会告诉我们事件的经过（如"你说话声音很小，很难听到"），先入为主的结论说明的是我们为什么会这么想（即"你很害怕"）。

- 搜集事实。如果有人向你抱怨其朋友和同事，他们很可能是在虚构情节，忽略事实。比如说，他们会告诉你"他很傲慢""她靠不住""他们那个团队很自私"等。出现这种情况时，你要做的是去搜集事实而不是偏听偏信，你应当让对方说明到底听到或是看到了什么情况。

实际上，即使对我们自己的思维而言，想要牢牢记住发生过的事实情况通常也是很难的。大部分人会产生体验（如"你一直自顾自说，一个问题也没问过我"），于是开始虚构情节（"你这人太自以为是"），形成感受（"我不喜欢跟你这种人打交道"），然后便把一开始发生的情况忘得一干二净。有些情况下，我们甚至可能不会注意到对方让我们产生这种感受的细微举动。因此，带着主观感受和虚构情节无法正确面对关键冲突，其原因就在于我们缺乏所需的事实，而这些事实可以帮助对方了解我们的想法。

搜集事实是应对关键冲突必须要做的准备工作

换句话说,当你尝试用模糊和令人不快的虚构情节,而非准确的事实和对方沟通时,这种做法无异于一场赌博。你赌的是对方不会因此表现出自我防御,他们能够把你的想法转变成自己的具体行动。但是,这种赌博可以说几乎毫无胜算。你要做的是和对方讨论事实经过,描述观察到的种种细节。猜测和臆想根本不会解决问题。

试探性地提出你的看法

如前所述,尽管有时候人们的行为有些令人不快,或者是违反自己所做的承诺,但真正让我们感到苦恼的并非这些行为本身,而是我们觉得对方的做法可能动机不纯。你是很想避免基本归因错误,但面对各种事实又很难把对方的行为往好的一面想。因此,对问题保持开放的心态是一回事,而幼稚无知则是另一回事。

还记得前面提到的地产商案例吗?前台员工之所以让他感到心烦意乱,不仅仅是因为她经常迟到,更是因为对方喜欢利用朋友关系占便宜。我们认为这一点才是地产商要讨论的正确问题,至少也是一个正确的话题切入点。但是,当你想说出自己内心的看法时,怎样才能做到只讨论事实而不会主观臆断呢?

这个问题似乎很难取舍,其实不然,你完全可以表达出自己的想法。当然，你不能一上来就说出自己的想法，但也不必隐而不发。你要做的是先陈述事实，然后试探性地提出自己的看法。以事实入手是因为它非常客观，不带有强烈的感情色彩，在谈话过程中不会造成争议。在此基础之上，你才能小心翼翼地向对方道出你的看法或结论。在和对方交谈的过程中，你一定要注意不能使用绝对性的字眼。你应该把指责意味较重的表达换成对方易于接受的表达，如把"你不是说过……吗"换成"我们都同意……"；不要说"很明显你……"，而是改成"我想知道你是不是……"。下面我们来举几个例子进行说明。

"玛莎，我在想咱们能否谈谈，因为有件事情让我觉得有点困扰。我不知道自己的看法对不对，所以想和你一起聊聊。"

"没问题，怎么啦？"

"你看，关于迟到的问题，我已经跟你说过四次了，我开始有点儿……"

"唉，我不是跟你说过了嘛，要准点到公司很难哦。"

"我在想，是不是我们的朋友身份和邻居关系跟这件事有关系呢？"

"为什么这么说呢？"

"你看，因为我们是朋友，所以我个人的感觉是，你知道即使迟到了我也不会对你严格要求。你说我的看法对吗？或者是还有什么没考虑到的地方？"

尽管你的结论有可能是完全错误的，但别忘了这样一个事实，正是你自己得出的结论让你心烦意乱，因此你要做的就是用一种安全的方式来和对方探讨这个问题。如果你能表现出中肯的态度，即承认自己的结论可能是错的，然后使用试探性的语言进行沟通，对方便会感觉到你是在心平气和、开诚布公地讨论问题，而不是在向其兴师问罪。

继续关注安全问题

注意，在开始陈述你的个人看法时，无论你的表达多么具有试探性，对方还是有可能产生不安全感，出现自我防御心理。例如，如果你怀疑儿子偷拿了你的钱，在这种情况下不管你怎样缓和自己的表达方式，结果很可能是一样的，都会激起对方的强烈反应。

你：过去四个小时里只有你一个人在家，200美元从我钱包里不翼而飞，所以我在想是不是你拿去用了。

儿子：真没想到你居然说我是小偷（气愤地摔门而去）！

像这种棘手情况该如何应对呢？首先你要认识到出现问题的本质原因，你采用的是一种威胁安全感的做法。换句话说，问题并不在于对方无法面对你指出的事实，而在于讨论这个问题让他们觉得失去了安全感。意识到是安全问题之后你就知道该如何正确应对了，即跳出刚才的谈话内容，和对方重新建立安全氛围。你要确定这个问题的产生，到底是因为对方感到你不尊重他们，还是因为你的做法让他们认为你另有目的（也可能两种原因皆而有之）。在此基础上，你可以用前面介绍的对比法来缓解对方的疑虑。

你："我没说你是小偷。我只是想弄清楚事情到底是怎么回事。如果你是我的话，面对这样的情况会怎么想呢？我并不是想指责你，而是想找到事情的原因，是想解决问题。现在我们能再来谈谈吗？"

　　记住，如果在你提出自己的看法时，对方表现出自我防御的心理和行为，你的当务之急是打消他们的不安全感。具体做法是跳出谈论内容，重建安全氛围。

以一个问题结束开场白

　　我们已经知道，在展开关键冲突对话时首先要做的是确保安全氛围，在向对方描述你的看法时也要保持安全氛围。同样，在结束开场白的时候，你仍需注意安全氛围问题。对此，你应当用一句简单的问题来结束开场白，这个问题即事情的经过到底是怎样的。你应当诚恳地提出这个问题，而不是威胁对方或是提出诸如"你是怎么搞的"之类的愤怒指责。

　　在陈述完对方违反承诺的行为之后，你应当实现的目标是了解对方对此事的看法。只有在你不断维护安全讨论氛围和坚持陈述事实的情况下，对方才会了解问题的实质，才愿意敞开心胸跟你讨论问题发生的潜在原因，才能帮助你最终找到有效的解决方案。

　　千万不要低估最后这一句真诚提问的重要性。这个举动是关键冲突对话中一个至关重要的环节，它能继续维护你营造出的安全氛围。如果你真心希望了解对方的观点，就必须让他们意识到这是一场对话，而不是你一个人的独白或宣判。你应当让对方产生这样的感觉，即你的看法不一定正确，你的做法并不是想惩罚他们，而是要寻找解决问题的办法，因此需要和他们开诚布公地交流，以便从各个角度获取解决问题所需的信息。换句话说，以这种方式结束开场白等于向对方发出一个真诚的邀请，请他们说出自己对问题的看法，哪怕这种看法会和你的想法大相径庭。

当对方回答你的这个问题时，注意要认真倾听。

接下来，你就可以分析问题出现的根本原因了。在六种行为影响力因素中，到底是哪一种或哪几种在发挥作用？对方无法实现承诺，是因为他们缺乏动机吗？抑或是因为他们缺乏行动能力？显然，对于不同原因导致的相同表象（未能实现承诺），其解决方法也是各不相同的。对于能力不足以完成任务的人来说，你再怎么激励也无济于事。反之，对于缺乏行为动机的人来说，你再怎么提供条件也是徒劳无益的。对于每一种具体原因导致的问题，我们会在接下来的两章里介绍如何应对。现在，你要做的是倾听对方的表达，了解问题发生的潜在原因。

如何解决棘手问题

不要在问题表象上纠缠

在这里，我们有必要回顾前面提到的技巧，即如何应对反复犯同样错误的问题。这项技巧非常重要，因此需要不时提醒大家注意。在和犯错者解决关键冲突时，他们总希望能轻描淡写地陈述问题，因为这样可以掩盖事件的真实原因，逃避自己应负的主要责任。他们想让你面对一成不变的问题，无论这些问题是如何重复出现的。

例如，你的下属中有这样一位销售员，她总是给顾客很低的折扣价格，让公司的利润受到损失。也就是说，她习惯于牺牲公司利润为自己赢取销售佣金。上个星期你和她谈了这件事，她答应以后一定遵守公司制定的价格政策。可就在五分钟之前，你听到她又在向顾客做低价销售。于是，你决定必须解决这个问题。

"露易丝，我们不是已经达成一致了吗？你答应过不会以低于公司的标准价格销售产品。刚才我听到你和顾客的谈话，你承诺的价格显然是无法接受的，是不是我遗漏了什么隐情呢？"

露易丝解释道，她非常需要这笔业务的佣金，希望你能理解她的做法。接下来该怎么办呢？

阐述事实

现在你处于一个关键时刻，有两个问题：一是违反价格规定，即整个事件的内容或表象；二是露易丝未能遵守对你的承诺，这是一个全新的问题。实际上，很多人都意识不到两者之间的区别。如果你讲来讲去都是在谈价格问题，那事情肯定无法得到解决，你早晚还会遇到同样的问题。经验丰富的问题解决者很清楚这一点，当察觉到有新的问题浮出水面时，他们会马上加以应对：

"好吧，这件事给我的感觉是这样的。你答应不降低价格，但是又想拿到销售提成，所以最后还是降低了价格。对吧？"

显然，额外补充的这一句话表明，你们的讨论要转到另一个不同的问题上。现在，你们讨论的已经不再是价格问题，而是如何解决无法兑现承诺的问题，后者肯定比前者要严重得多。

两个案例

为说明本章介绍的技巧如何具体应用，我们在此提供两个小案例。先来看一个比较简单的案例：你的一位下属没有参加某个重要会议，你并不认为他是有意这样做的，也就是说，你没有虚构任何情节。在这种情况下，你的做法是把对方叫到办公室，建立安全讨论氛围，然后用一个问题结束开场白。

"克里斯，我发现昨天的会议你没来，你不是答应过要参加的吗？我想知道是怎么回事。你该不会是遇到什么问题了吧？"

这种表达非常中肯，它就是一段简单的事实陈述，表明你并没有做主观臆断，并没有虚构各种情节。你只是请对方做一次面对面的私下交流，陈述一下事实（你的期望和观察到的结果），然后提出一个问题而已。接下来，你就可以倾听对方的陈述，然后分析问题的潜在原因了。

再来看一个复杂些的问题，你正在和老板讨论会议过程中发生的情形。你觉得老板的表现有些自我防御，于是你必须首先营造安全氛围，确定共同目标，然后使用对比法消除对方的疑虑。

你："我知道最近几次会议我没参加，这件事可能让你有些不满。我对这件事做了分析，发现部分原因和你主持会议的方式有关。我没有要指手画脚的意思，不过我想如果能和你谈谈我的想法，或许有助于改变这种情况。你看是否合适？"

老板："没问题。说吧，你有什么想法？"

因为你已经对老板的行为产生了自己的看法，你要做的是说明为何会产生这种想法，首先从事实情况入手，然后试探性地提出自己的结论。

你："是这样，在今天的会议上，在我发言的过程中你多次举手打断我的话。我不太清楚你的意图，不过我的感觉是你认为我的想法很愚蠢，想用这种方式让我保持沉默，是这样吗？"

老板："哦，这件事啊。对，我是那么做了。如果我不认同某件事，从来都是旗帜鲜明地反对，这样有什么不对吗？"

显然，老板表现出了自我防御。这时你必须跳出话题内容，重建安全氛围。

你："你用这种方式表达自己的看法没问题，我也不希望你有所保留。我想说的是，你在表达不同意见的时候，给我的感觉是你好像怀疑我的工作能力（引入对比）。是因为我在会议上的表现让你感到生气？还是因为我的表现达不到标准，让你感到担心（以问题结束开场白）？"

小　结

描述表现差异

我们已经完成了自我分析，可以开口讨论关键冲突了。在此过程中，我们的整体目标只有一个，即创建和维护安全氛围。千万不能抛出想当然的结论或尖锐的指责（这些行为都会让对方感到失去安全感），正确的做法是描述表现差异的事实。也就是说，向对方说明自己期望的表现和他们的实际表现之间的差别。

我们通常把此类行为称为"违反期望"或"违背承诺"。为避免使用指责含义如此强烈的字眼，我们倾向于在本书中使用更为中性的表达——表现差异。

如果对方不是蓄意为之，当他们的表现差距或差异让我们感到不快时，通常我们不会感到失望或愤怒，而是觉得好奇，想通过对话了解到底发生了什么情况。通过检视说明预期行为和实际表现之间的差异，我们能有效地抑制"关键30秒"带来的危机，转而探寻事实真相（而不是对对方恶语相向），表明自己愿意了解事情的来龙去脉（而不是怒气冲冲地指责对方）。通过关注表现差异，我们可以把"关键30秒"变成良好的对话开端。

接下来，我们要认真倾听对方的观点，以此为基础判断应该从哪个角度（动机、能力或两者兼而有之）入手让对方做出改变。

- 我们在本章探索了展开关键冲突对话的开场白。我们的目标是要营造解决问题所需的安全氛围，具体做法是做好以下三点。

- 创造安全开场。
- 向对方描述你的看法。
- 以一个问题结束开场白。

- 本章介绍的技巧虽然看似简单，实则非常关键。我们不惜笔墨重点描述，就是要帮助大家在讨论关键冲突时不要一开始就犯错。

下一步

表述完你的观点之后，接下来该对方解释为什么会做出令你失望的行为了。你必须利用这个机会，确定对方违反承诺的做法到底是因为缺乏动机，缺乏能力，还是同时缺乏这两种因素。在此过程中，你也需要掌握必备的技巧。

第 4 章

制造动机

如何帮助对方付诸行动

我对动机的理解是，只要抓住对方的耳朵然后飞奔，他们的身体肯定会寸步不离。

下面我们来看看已经发展到了问题解决流程的哪一步。举个例子来说，米拉是你的一位下属，她未能完成一项重要的质量检查工作。你注意到了这件事，决定和她谈谈，试图从谈话中发现应当面对的正确问题。由于这是她的初犯，你决定和她讨论事件的内容，即米拉没有完成工作的事实。你平时很欣赏米拉的表现，因此很容易形成好的动机。然后，你开始描述表现差异。陈述完事实之后，米拉开始表态了。

诊断原因

米拉的回应直接决定着你下一步的行动。这一点很关键，决定你接下来该如何做的人是她而不是你，因为只有她的回答能帮助你发现问题发生的真正原因。她所犯的错误到底是因为缺乏动机还是缺乏能力，抑或两者兼而有之呢？如果米拉的回答是"你要求的这项工作我做不来"，那你就需要探寻其中具体的原因了。在三种能力影响力当中，哪一种在发挥作用呢？反之，如果米拉的回答是："哎哟，有啥大不了的！不就是质量检查那点小事嘛，我都懒得去做。"这时，你就知道她的不作为是因为缺乏动机了。那么，具体又是哪一种动机影响力在发挥作用呢？

显而易见，要想学会挖掘水面之下的冰山，找出问题潜在的根本原因，绝非一日之功，是需要掌握大量技巧的。如果你遗漏了任何一项能力障碍，对方便不会继续合作。如果你误读了潜在的动机因素，肯定会做出错误的判断。与此同时，你还必须努力抑制强迫对方产生动机或形成能力的冲动（这些高压手段使用起来最轻松）。尽管这些做法很诱人，但都不能真正解决问题。

化"简"为"繁"

在探讨问题产生的多种可能原因之前，我们首先要提醒大家，这个过程会变得有些复杂。但是，我们同时可以承诺大家的是，如果你能按照关键冲突解决高手的做法去做，你也一定会取得成功。

一阵吞吞吐吐之后，米拉说出自己不愿做质量检查工作。她反问道："这项工作有那么重要吗？值得我花那么多工夫去做吗？"从她的回答中，我们得出的结论是她缺少行为动机，而不是行为能力。当人们缺乏行为动机时经常流露出的表达有："我还有更重要的工作要做……""当时要改变工作内容的人又不是我……""要是你觉得我会去做这种没技术含量的活儿，那可大错特错了"。这些回答全都指向了动机问题，全都在暗示："我能做，但不愿意做。"

那么我们该怎样让米拉产生行为动机呢？怎样才能无视对方的权力或职位，有效地说服他们展开行动呢？更好的做法是，我们怎样才能忽略自己的权力或职位，成功地激励他们实现自己的承诺呢？

注意，你的权力对于解决问题来说并无多大帮助。实际上，在很多情况下，当你觉得自己的权力对对方的动机影响力越大时，结果反而越不理想。我们会在后面详细说明其中的原因。

不要把行为动机想得太简单

当某人故意令你失望，而且完全清楚自己的做法时，你肯定想和这种自私的家伙当面说个明白。比方说，还记得高中那年你的男友是怎么羞辱你的吗？他并没有忘记要开车带你去参加舞会，也不是因为突然得了什么重病，他只是在最后一分钟改变了主意而已。结果呢？他对你只字未提，而是开着野马车从你家门口呼啸而过。车上坐着刚从加州搬到此地的风尘女，任由你手中握着已经凋谢的花朵，呆坐在家门口伤心不已。

　　在谈及动机时，我们脑中便会浮现出此类自私卑鄙的小人。我们会想到那些故意违反承诺，让我们感到备受打击的家伙。他们为什么会让我们感到如此难受？因为他们并不在乎我们。他们不会体会我们的愿望和需求，不会设身处地地为我们着想。想想看，难道生活不是这样吗？如果我们能找到一种方式，让朋友、家人、同事甚至是老板钻到我们的脑袋里一窥究竟，理解我们的梦想，支持我们的期望，生活岂不是会变得像巧克力羊角面包一样美好吗？

关于动机

　　当周围的人故意违反承诺，特别是这种行为让我们倍感痛苦时，我们恨不得能马上激发对方做出行为改变。受其影响，我们对动机的理解会产生巨大的偏误。我们会把动机想象成一场盛况空前的活动，管理者在讲台上振臂高呼，下面是人群热烈的响应。或者，我们会把动机当作一种秘密武器，用来对自尊心制造令人满意的报复性打击。又或者，我们会把动机看成装满各种奇巧装备的工具箱，表面看起来非常专业，但暗中却能让人们对自己百依百顺。理想状况下，我们会认为动机是一种经久不衰的"以合理的原因说服人们按照自己的意愿行事的艺术"。

但是，这些观点都无法帮助我们解决关键冲突，它们导致的行为最终只会让我们陷入麻烦。即便是最后一句让人听过无数遍的口号——让别人按我们的意愿行事是我们自己的工作，其实也充满问题。除非我们无所不知（即我们的意愿总是正确无误的），否则这句话根本行不通。

对于如何激励别人行动，我们之所以会产生诸多不正确的观点，是因为长久以来各种过时做法和错误理解的积累影响。这些影响让我们相信，好的管理者在激励员工行动时需要大量个人魅力、相当程度的大胆放肆和一定程度的威严，这样才能营造出最佳的行为动机。其实，这种想法是完全错误的。

在这些错误理念的长期影响下，我们对营造动机的理解开始出问题了。

这些孩子真讨厌

在你居住的公寓门口有一个小型停车场，不幸的是，住在你楼上的房客有三个孩子，他们每人都有一辆车，而且很喜欢把车停在你的车位上。每当这种情况出现时，你只好把自己的车停到几个街区之外的地方，一边冒着寒冬细雨往家走，一边恨恨地想下次一定要向全美少年犯协会慷慨捐助。

关于停车这件事，你和这几个孩子以及他们的父母都曾经讨论过。你的表现不可谓不出色，施展浑身解数，晓之以理动之以情，对方马上向你表示抱歉，对你的遭遇感到不安，整个场面简直可以用感人来形容了。在接下来的 12 个小时中，他们对你的停车位表示高度尊重，可随后便故态复萌，继续玩起了抢车位的游戏。显然，他们感到抱歉的是你提出了这件事，而不是因为给你造成的麻烦。

此时，你意识到了自己即将面对的选择。你知道如果威胁对方的话，他们肯定会退避三舍，尊重你的利益。但是，你并不想成为靠恫吓解决问题的人，你要表现出高姿态。于是，你退缩了，给自己找了一个冠冕堂皇的理由。虽然每天被淋得透湿，关节隐隐发痛，但依然觉得挺满意。毕竟，你没有因此变成脾气暴躁、令人生厌的小老头，那可是你发誓要改变的形象。你只不过是讨厌这些人，没必要为此感到不快。

这种想法会造成错误的两面化趋势。你认为要面对这个问题，只能从两种方式中选择其一：一是继续容忍当前遇到的问题，二是用高压或威胁的方式改变这些孩子的行为动机，除此之外别无他法。既然你不想表现出愤怒和威胁的一面，那就只能保持沉默了。

但是，如果情况继续恶化，需要你采用强力手段去面对时，你便会心安理得地拥护结果决定手段的观点。毕竟，这是你的停车位，如果这帮小子硬是敬酒不吃吃罚酒，那也不是你的错。只要你认为恐惧感是所有行为背后的主要动机影响力，你就会为沉默或暴力应对问题找到永久性借口。

理解动机产生的根源

和大多数人的看法相反，要想有效地激发他人的行为动机，你完全不必动用权力或是采用恐吓威胁的手段。实际上，我们并非奇人异士，每天要用各种激励手段去完成起死回生之类的重大任务。这种认识问题的方式对我们颇有帮助，因为错误的思考方式正是让我们身陷麻烦的根本原因。

还记得前面提到的梅丽莎吗？那个解决冲突的高手。面对复杂的问题和情绪激动的员工，她娇小的身躯根本无法威胁任何人。而且，她几乎从来不用手中的权力或地位恐吓别人。可就是这样一个弱女子，竟然成了工厂中最有影响力、公认最优秀的管理者。实际上，你掌握的权力和能否有效激励他人并无多大关系。我们曾观察到，一些几乎毫无权力的人也能成功地影响上司和老板的行为动机。

可以说，是我们自己把动机变得神秘化了，它其实没有什么特别之处。动机和权力、威严、个人魅力没有什么关系，它关系到的是期望、信息和沟通等因素。

期望改变一切

我们可以用一句更为准确、朴实的话来说明动机：人们总是具有各种动机的。如果说某个人的行为缺乏动机，这种表达显然是错误的，因为任何行为都有动机，只是动机不同而已。只要人们运动自己的肌肉，他们便具备了实现行为的动机。其次，动机是由大脑驱动的，即人们可以选择其行为。

另外，动机的影响因素无穷无尽，既有内部影响因素也有外部影响因素。

人类大脑和外部世界通过互动来驱使个人行为的过程是这样的。他们会做出个人预期。在决定该如何行动时，他们会思考未来，问自己"这种特定行为会产生怎样的后果"。他们之所以会选择一种行为放弃其他行为，是因为他们相信这种行为会产生最佳结果。由于任何行为都会带来一组结果，其中既有好的结果也有坏的结果，因此推动人们做出某种行为的其实是可预期的结果组合。如果你希望人们以某种方式行动，就必须让他们知道这种方式和其他方式相比会带来更好的结果组合。

关于动机，总结成一句话就是：只要改变人们对结果组合的看法，他们的行为自然就会出现变化。

那么我们该怎样激励他人改变行为方式呢？怎样让人们意识到他们当前对行为结果的看法不够准确或不够完善呢？怎样才能改变人们的期望或是对预期结果的认知呢？

三种错误做法

首先有一点是可以肯定的，个人魅力、权力和奖赏这三种常见的方式并不能有效解决动机问题。这些方式都有可能改变人们的观点，因此也有可能改变人们的行为方式。但不幸的是，依靠这些轻率的做法解决问题是很危险的，而且无法长期维持对行为动机的影响。尽管如此，这些错误的做法却非常普遍。可以说，它们几乎已经被奉为解决动机问题的金科玉律了。下面我们就来依次了解这些解决方式。

不要依靠个人魅力

我们要破除一个长久以来的错误观点。要想成为高效的动机诱发者，你不必总是摆出一脸让人畏惧的神情。实际上，日常生活中的行为动机都是非常细微的，基本上从来不用搞领袖气质那一套，也不用准备长篇大论。尽管如此，个人魅力可以有效驱动他人的错误观点却非常普遍。各种图书和影视节目都在向观众传达着这种意识，让他们对其中的光辉形象钦佩不已。例如，在冷战片《红潮风暴》中，处于即将引发世界大战的紧急关头，丹泽尔·华盛顿（Denzel Washington）扮演的海军军官对潜艇上的无线电发报员就来了这么一段"慷慨陈词"。

这个发报员必须修好潜艇上的电台并和指挥部联系，以确定是否要发射导弹。如果他失败，潜艇指挥官就必须在无法确认信息真伪的情况下发射核导弹，引发敌方的反击，最终摧毁整个世界，尽管这样做有可能完全是没有必要的。

幸亏这只是一部虚构的电影，如果是在现实生活中面对如此之大的压力，估计那位倒霉的发报员会崩溃。实际上，这项任务的压力是如此之大，任何明智的管理者都会尽自己的一切努力为下属提供支持。不过，电影的剧本编辑也是人，他们也会犯基本归因错误，把发报员塑造成一个不需要其他人帮助的角色。在电影中，这位发报员需要的是行为激励。显然，他没修好电台是因为他还有比拯救世界更重要的事情要做。

于是，丹泽尔发表了一次激动人心的演说，经过催人泪下的表演，发报员转身告诉同事不要把工作搞砸，以免引发一场核战争。

丹泽尔发表演说，发报员深受激励，当然，观众们报以热烈掌声——这便是个人魅力制造出的戏剧效果。但是，这一幕实际上和领导术并无多少关系。要想成为有影响力的人，你完全不必煞费苦心地去营造什么个人魅力。

不要依靠权力

这是人们在激励他人时经常犯的第二个错误。赤裸裸地动用权力去命令别人，这样做可以支配他们的身体，甚至可以让人们以新的方式行动，但很难让对方心悦诚服地配合。心灵和意志上的改变源自人们对行为意义的深入理解和全新认识。与此相反，如果公然使用粗暴的权力命令对方行动，充其量只能让人们违心地短期顺从，不会带来真正意义上自发的、深远的行为改变。

这个道理看似简单，不值得浪费笔墨，但实际上很多父母和管理者并没有意识到这一点。他们在日常工作或生活中总喜欢滥用权力，以此作为激励他人行为的最佳手段。在使用这一手段时，他们从来不做过多解释，固执地认为这才是改变人们对现有结果组合认知的最简单的做法，即为他们设定新的痛苦结果。这种思维方式并不复杂，实施起来也非常容易，经常表现为以下形式。

- "你要是不能按时完成这项工作，就等着被炒鱿鱼吧！"
- "你要是再敢跟我顶嘴，整个暑假都别想出门！"

我们为什么会下意识地迫使别人行动

我们在前面提到过，在评判他人的行为时，人们经常使用的是品质分析法而不是环境分析法。如果有人给我们带来了巨大的痛苦，我们会认为这个人本质就是坏的。他们带给我们的影响越糟糕，我们对其性格品质的假定就越离谱。我们认为这些人天生就是极其自私的，他们甚至以我们的痛苦为乐，待人冷漠、无动于衷已经算是他们最好的表现了。最令人讨厌的是，我们认为他们只能表现出自私的一面，自私就是他们骨子里的东西，是与生俱来的品质。它不是选择的结果，而是内心潜在的必然冲动。

谈到影响力策略时，这种品质分析法的影响是显而易见的。对我们来说，个人绝不会通过耐心和长期忍受的方式来改变其性格。除非我们来一次促膝长谈或鼓舞士气的对话，否则他们不会改变自己身上的缺点。实际上，他们并不会因为我们的几句话语改变内心长期形成的性格品质，这一点是根本不可能的。

接下来的逻辑跳跃大概要比埃维尔·尼维尔（Evil Knievel）[⊖]创造的飞车纪录还要惊人：因为我们要面对的是根

⊖ 美国历史上著名的飞车特技表演艺术家，以全身 37 根断骨创造吉尼斯世界纪录。

深蒂固的性格缺陷，因此必须使用恫吓威胁的手段。还记得那些喜欢占用你的停车位的孩子吗？哼哼，他们早晚是要付出代价的。

注意：你已经开始步入歧途了

这些令人光火的情况会得出怎样的结论呢？我们应当把它们视为一个危险信号，我们越是觉得应当迫使他人行动，事实就越发证明我们的想法有问题。用宋飞的扮演者乔治·克斯坦萨（George Costanza）的话来说就是："问题并不在于对方，而在我们自己身上。"

当然，事情的起因是对方缺乏行为动机，这一点没有错。我们尝试了各种办法，可最后还是无法激励他们。于是，我们开始发火了。我们告诉自己如果不给对方点颜色，问题便无法得到解决。然后，我们就这样去做了。实际上，这恰恰是我们在大脑高度混乱、高度兴奋的状况下做出的愚蠢行为。

因此，我们必须提醒大家，当你感到怒火中烧，很想用权力或淫威对他人施加影响时，脑中必须马上拉响警报。如果我们不能及时控制这种冲动，最后肯定会付出惨重代价。

强迫行动的代价

（1）强迫他人会损害人际关系。每当我们决定动用权力迫使别人做出改变时，特别是在我们感到开心或急躁的情况下，这种做法会伤害到我们的人际关系。这种关系会从以互相尊重、互相信任为基础的良性伙伴关系，转变成需要不断监督对方的城管和小贩之间的关系。

每当我们迫使人们屈从于自己的意志时，这种做法都会营造出凄凉孤独的工作环境。互相信任和友情关爱付之东流，同事之间谈笑风生的场面随之而去，彼此之间坦诚相待解决问题的情形不复存在。

由此可见，习惯利用权力驱动他人是一件非常可怕的事。当我们这样做时，我们和他人之间的关系就会发生永久性改变，我们会从令人尊重的合作伙伴变成让人害怕的强制实施者。这时，我们便开始付出代价了。

（2）强迫行为会导致抵抗。当我们迫不及待地采用强迫手段影响他人的行为时，人们会下意识地认为，我们这样做是因为我们认为他们具有不好的行为动机，并认为我们不尊重他们。此外，这种做法还会传达出这样一个信号，即我们只在乎自己的目标，毫不考虑对方的目标。换句话说，这种做法会破坏安全氛围。当安全感消失之后，对方马上会变得高度自我防御，最后毫无原则地抵制我们的观点。每当我们结束谈话时，心里都会想对方是否会按照自己的要求行动。安全感遭到破坏之后，仓促地强迫对方是一种非常不明智的做法，它不但无法解决问题，而且会让正常的关键冲突讨论无法进行下去。

（3）强迫行为缺乏持久影响。20 世纪 30 年代中期，库特·卢因（Kurt Lewin）及其同事展开了一项很有意思的调查。这项调查彻底终结了一个普遍流传的观点，即权力可以带来持久性结果。调查者把受试的管理人员随意分为三种管理类型，即专制型、不干涉型和民主型。根据各自被指派的类型，受试者负责领导一个生产团队。不出研究者的预料，当管理者在室内时，专制型（权力式）管理团队的产量最高；与此相反，当管理者离开时，强迫行为下实现的产量最低。[1]也就是说，如果人们仅仅是因为害怕管理者才工作的，那么当恐惧感消失时这种强迫式动机也会随之消失。

小心奖赏手段

最后一种常见的动机错误是，管理者喜欢使用外部奖励的手段，激励员工去实现本来应该用内在驱动激励的目标。家长们早就意识到了这种做法的危害性，发现奖励手段并不能解决问题，不能代替内在驱动实现改变行为的目标。

例如，如果你想让孩子好好读书或是喜欢上阅读，有什么好办法可以把他们的目光从电视或游戏机上转移到书本上呢？不少家长选择掏钱奖励孩子阅读。他们的想法很简单，只要付钱孩子就愿意读书，只要孩子读起书来，他们自然会喜欢上阅读。但不幸的是，外部奖励往往会扼杀内心满足感。这些孩子读书的目的是得到零花钱，而不是阅读本身。因此，一旦你不再支付现金，他们马上就会丢掉书本。

与此类似，如果你一直使用某种奖励方式鼓励人们去做他们分内的事，希望能让结果组合变得更好，这种做法其实很危险。因为它会破坏甚至摧毁这件工作带来的内心满足感，而且会把人们的注意力从工作本身的合理原因转移到其外部奖励条件上去。当管理者长期使用这种做法时，外部奖励会让人们混淆工作的真正目的。我们认为，特别的奖励应当留给特别的工作表现，而不是随便用于激励员工本来就应该完成的任务。

解决之道

权力、奖赏和个人魅力等方式的问题并不在于它们根本无效，也不在于这些手段不应当被使用，而在于管理者总是不假思索地仓促使用，殊不知实际上还有更好的方法激励他人的行为表现。例如，经验丰富的父母和富有影响力的企业领导懂得如何教导他人。他们经常会下意识地采用我们在第2章中开发的模型来教导别人如何行动。

探索自然结果

对于那些在老板、同事和家人眼中善于处理关键冲突问题的高手（即前面我们提到过的问题处理高手），如果进行细致观察，我们会发现他们总是通过改变他人观点的方式来改变其行为。

聪明的领导当然知道，他们可以靠行使领导权力或是提供奖励的方式来鼓励人们行动。但他们更加清楚的是，通过对个人、社会和结构这三个方面进行探索，一定可以找到更好的激励他人行动的因素，可以不必通过暗中操纵或言语威胁的方式来创造行为动机。

这些因素究竟是怎样的呢？它们其实是和任意特定行为相关的自然结果。例如，如果你无法有效地控制糖尿病，以后很可能会面临截肢的风险，这就是错误行为的自然结果。如果你无法实现自己做出的承诺，就会给老板带来额外的压力，让他们寝食难安，不知道该如何面对，这也是错误行为的自然结果。当妻子"性"致不高时，如果你出言讥讽，对方会退避三舍并对你不理不睬，这也是错误行为的自然结果。

我们的社会行为会涉及一系列事件，这些事件的影响范围可以是一个人，也可以是数百万人。可以说，结果组合便是由系列事件构成的，在这些结果中有一个名为"自然结果"的子集，它是不受任何权威力量影响的独立存在的结果。与此对应，带来这种结果的解决方式不需要任何强迫、武断决定或个人魅力。有了它，父母不用再厉声喝止孩子的错误行为，老板不用再动辄以处分作为威胁员工工作的手段。因为自然结果不但总是存在，而且永远都是潜在的激发行为动机的方式。

当然，这么说并不表示所有的自然结果都能同等程度地激发人们的行为动机，举例如下。

"你打断了吉米的讲话，这让他感觉很受伤。"

"那好啊，反正我也不喜欢他。"

结果可以说明所有行为背后的原因，经验丰富的影响者总是通过观察结果的方式来激励人们的行为动机。他们要做的是解释对方行为的自然结果，直到从中找到对方关注的合理目标。你在探寻对方的行为结果时，一方面要注意揭示难以觉察的结果，另一方面要注意维持对话的进行。

揭示难以觉察的结果

在探寻自然结果时，你的主要工作是帮助对方认清他们自己无法看到（或记起）的结果。之所以会出现这种情况，是因为和特定行为相关的结果分为两种，一种是具有长期影响的，另一种是悄无声息地出现的。你要做的就是帮助对方发现后者，具体有以下六种做法。

（1）联系当前价值。在分析可以和对方探讨的各种行为结果时，你应当注意对对方来说最核心的价值，即他们最关注什么。这才是你能发挥最大影响力的地方。接下来，你应当帮助对方了解这样一个事实，即你的提议可以让他们更好地实现自己期望的价值。只要你能营造出足够的安全氛围，就可以开诚布公地和对方探讨各种价值问题。下面我们来看一个例子，妻子是如何劝说已经做过两次胃旁路手术却继续暴饮暴食的丈夫的。

"亲爱的，我真的觉得你的饮食习惯该改改了，否则孩子只能交给我来养了。你有没有关注过这个问题呢？"

在这个案例中，你和对方讨论的是饮食习惯问题，你既没有唠叨也没有恶语相向，而是把对方的核心价值和养育孩子的问题联系起来引起对方的关注。

（2）短期收益和长期损失。向对方说明短期享受和长期问题之间必然存在的联系。这种方式经常用于解决子女抚养过程中出现的问题。例如，"要是你继续看电视而不去写作业，成绩就会越来越差，以后没法进入好学校，没法找到好工作，挣不到很多钱，永远也开不上自己的保时捷。"

虽然你不一定用完全一样的表达，但大脑中的想法肯定差不多，最后希望孩子也这样去做。当然，关于保时捷那部分就不必当真了，那是我们杜撰的内容。

同样，这种解释当前行为会对未来造成负面影响的做法在工作场合也很常见。例如，"我知道，让你在输入计划安排的时候再三审核是有点啰唆。可是我们现在的错误率很高，其他副总的助理都让我务必确认输入的计划安排。所以我想，要是我们不这么做的话，你的工作信誉可能会受到影响。"

（3）强调长期利益。这一点也是抚养子女时比较常见的问题，同时也是衡量终生成就的最佳指标。如果人们可以忍受当前面对的小困难，为了实现更远大的目标放弃眼前的享受或回报，那他们的生活必将越来越美好（减肥、举重、学习等活动莫不如此）。

如果你怀疑这段表述，不妨看看科学家进行的一项长达几十年的行为调查。研究者在每个孩子面前放一块软糖，告诉他们自己要出去一会儿，回来的时候他们如果没有吃掉糖果，便会得到另一块软糖作为奖励。在这个实验中，这些孩子表现出了不同的行为。后来经过多年跟踪调查，研究者发现那些能够忍受诱惑，等待科学家回来的孩子在人生道路上取得的成就远远大于那些马上把糖果吃掉的孩子，无论从哪个角度对比结果都是如此。[2] 因此，为了帮助对方坚持正确的行为，你必须打消他们对短期利益的强调，让他们学会关注长期利益。例如，"我知道，让你忍受这些孩子造成的麻烦很不容易。但是，如果你无法放下这些小事，恐怕以后很难和他们形成密切的关系。"

（4）推出潜在的受害者。这一招在解释行为结果时非常常用，通常用来描述某种错误行为对他人造成的意料之外、难以预见的不利影响。例如，在工作场合中，管理者会谨慎但明确地指出错误做法对公司各方带来的结果："看，这就是你的失误给其他员工、顾客、老板等人带来的影响。"

在家庭生活中，父母可以使用这种方式来说明错误行为对其他家庭成员的影响："露易丝，我知道你的弟弟让你很头疼。但你知道吗，当你拿他的体重开玩笑时，他躲在房间里哭了整整一晚上。我知道，你这样做只是想甩掉他，不是故意去伤害他的，对吧？"

（5）他人观点。为说明某个特定行为的社会影响，你可以描述某个人的行为在其他人眼中如何。例如，"看起来你好像并不在乎整个团队的表现。"记住，在谈及我们遭遇的经历时，我们的个人看法总是片面的。因此，你必须帮助对方学会从另一个角度观察自己的行为。

（6）联系当前的奖励。虽然一开始就讨论奖励并不是最好的方式，但最后你还是会和对方谈到奖励问题。这样做可以让对方认识到满足特定期望给自己带来的好处，如职位升迁、影响力增加、存款变多或风险下降等。

例如，"你说过想做艺术总监，我觉得，如果你能跟编辑人员和视频团队搞好关系，你肯定会在艺术指导方面做得更好，更有可能实现梦想。"

保持对话

记住，在努力说明难以觉察的行为结果时，你必须保持对话的顺利进行，让交谈双方的信息以坦率自然的方式持续性流动。

（1）注意对话和威胁之间的界限。讨论自然结果和威胁对方是两种完全不同的行为，两者之间有着明确的界限。不过，有时候这个界限也会发生错位。如果你的动机不正确，讨论自然结果就会变成威胁对方。如果你的动机是惩罚对方，或者是以描述他人错误行为的可怕后果为乐，这些都是不对的。与此相反，你的动机应当是以一种互惠的方式解决问题，除此之外的做法都会导致对方陷入沉默或暴力应对的结果，而不是积极顺从地配合你实现目标。

当你的动机是正确的，而对方把你对自然结果的解释误解为一种威胁时，这两种行为之间的界限也会变得模糊。例如，"要是你无法按时完成任务，为保证不出问题我们以后只会向你分配相关度较低的工作。"这句话就有问题，听起来有些像个人攻击，也有些像工作威胁。

如果你让对方感到身陷麻烦，尽管这种体验是以前的老板留给他们的，在这种情况下无论你怎样改善自己的技巧或态度都无济于事，他们还是会认为你的做法虚伪可疑。如果你注意到对方开始变得紧张不安，必须马上跳出交谈，重申你的明确目标，以此来重建安全氛围。你要告诉对方你的目标是解决一个重要问题，你只想告诉他们这种做法的自然结果，然后让他们自己做出是非判断。一旦对方把你对自然结果的分析视为威胁，你应当将其视为一个安全问题，马上着手进行恢复。

（2）了解对方对自然结果的看法。当对方陈述问题时，你应当了解他们对自然结果的看法，他们或许知道一些你并不了解的内情。例如，"是啊，我们可以按你说的做，可就怕割草机吃不消。"

在讨论问题结果的过程中，对于到底应当怎样做，你的看法也可能发生改变。或许到了最后，你会发现其实自己原来的要求不对，因此改变让他们按照你的想法去做的念头。

（3）在关键时刻暂停。在帮助对方了解自然结果的过程中，你应当在关键时刻对这些结果做出解释，即在对方准备遵从的时候适可而止。记住，你的任务不是堆砌信息，而是和对方分享行为结果，直到他们理解这种做法的全面影响，理解你为什么要求他们这样去做。注意，不要夸夸其谈。

方法要与情况吻合

这是激励他人行为的最后一个因素，它和你要面对的具体情况有关。有时和你谈论问题的对象怎么都搞不清楚其个人行为会带来怎样的结果，有时你自己也不太明白对方为什么如此难以驱动。又或者，他们的行为动机不够强烈，虽然按照你说的去做了，但从来不会把你的要求排在工作表第一位。或许，对方甚至会公开反对你的意见。面对这些情况，我们必须因地制宜地寻找解决之道。

当你教导对方时

在初次解释特定行为背后的原因时，采用说明自然结果的方式很容易解决问题。对于员工来说，他们想知道为什么要用特定方式生产某个产品或提供某种服务，当你要求的方式比较困难时尤其是这样。其实，他们真正想了解的是这样做到底值不值。如前所述，高效的问题解决者都是很好的老师，他们教导的内容基本上都是行为结果对相关各方的影响。他们会这样向你解释："你这样做当然值得，原因是这样的……"总之，他们非常善于用各种手段把难以觉察的结果展示到你面前，通过这种方式避免你出现表现差异。

对于子女教育来说，孩子越小就越需要你教导他们理解行为和结果之间的关系。当然，新生儿并不知道什么是结果。可以说，在孩子的早期抚养阶段，每个父母都要保护孩子免受潜在不良结果的影响，然后慢慢教导他们学会自己去分析。当孩子大一些之后，随着教导方式的改变，他们的抵抗情绪会逐渐增长。等他们到 14 岁时，这些孩子已经明白各种问题，不需要你再教导任何内容了。当然，等他们到 21 岁时，便会开始狂妄无知起来。

当你和对方共同探索问题时

这种情况也很常见，对方往往得不到正确的激励，你也不太清楚到底问题出在哪里。或许，对方知道正确的激励方法，但不愿告诉你。无论是哪种情况，你都不知道他们为什么缺乏行为动机，必须通过个人、社会和结构三个角度进行分析，以确定是哪种影响力因素导致他们不愿意改变自己的行为。

在分析影响力因素时，你只需问自己几个简单的问题即可：这项（分配给对方的）工作是否很难做？是否是高度重复、令人讨厌和不适的工作？这些是不是你自己不愿去做的原因？其他人是否鼓励你不用去做这件工作？最后，这项工作是否和其他人可获得奖励的任务目标相违背？

我们之所以要探寻这些结果，目的是找到对方缺乏行为动机的问题在哪里。如果这个问题无法马上得到清晰的答案，那就需要花点工夫去查个究竟。一旦了解了影响对方行为的因素，你必须决定是否希望他们继续这种行为（你也可能改变自己的观点）。如果你认为这项工作仍是必要的，就需要借助前面谈到的各种方法组合，向对方说明潜在的行为结果。

当你和对方对任务优先级的看法不同时

如果对方不重视你安排的任务，把它们丢到最后去做怎么办？在这种情况下，对方并不是不去做你分配的任务，只是你的任务不是他们的当务之急。他们这样做可能有多种原因，或许是突然接到了其他工作，或许是对方喜欢先完成其他任务，或许那个让你失望的员工忘记了你安排的任务，或者是不清楚为什么要完成这样的工作。可能性更大的原因是，或许他们心存侥幸，认为浑水摸鱼可以蒙混过关。因此，他们会有意无意地忘记你安排的任务，想看看会发生什么事情。

无论出于哪种原因，毋庸置疑的是他们知道自己有任务在肩，却选择了消极怠工。老实说，很多情况下他们其实早就知道这样做会产生怎样的结果。因此，向他们解释某些工作非做不可的原因不同于向并不清楚结果的员工说明情况。换句话说，面对这种情形，你要做的是尽最大努力提醒对方任务的重要性，但又不能批评他们的不作为。

"你确定我必须向每一个来这里的人解释安全规定吗？有

些人已经来过不止一次了。"

"还记得几个月前，我们就政府规定的问题讨论过一次吗？要是有人在这里受伤了而我们没有尽到每次告知安全事项的义务，他们可以控告我们失职。我知道这种做法看起来有点儿多余，但没办法，这可是法律规定。"

提醒对方任务的重要性是一个很有效的策略，它能帮助你激励那些勤奋可靠却为任务优先级别感到头疼的员工找到解决之道。

当对方反对你的意见时

下面，我们再来看一个更为棘手的情况，即对方公开反对你的做法时，你该怎样激励他们产生行为动机。他们就是不想做你分配的工作，你要做的是让他们相信这样做是必要的，与此同时你必须小心谨慎地表达自己的观点，不能让他们产生抵触感。也就是说，你必须清楚如何解释任务的重要性，还不能草率地动用权力或规定恐吓对方。你该怎么办呢？

这种情况在生活中也时有发生，当人们抱怨生活和工作中的伙伴难以激励时，往往会说："这些人真是不可救药，每次都跟我对着干。"幸运的是，这种情况的处理原则和上面是一样的，你仍需解释行为的自然结果，直到对方完全同意按照你的要求去做。当然，在这种情况下要确定对方认可的自然结果稍微麻烦一些，你必须不停寻找和尝试，直到发现对方认同的价值。

"得了吧，我要做的事还有很多，没必要一回来就填写费用开销报告吧。"

"我们发现这件事拖得越久，对花销细节的描述就越模糊。大家都很容易忘记小额开销，这样反而会给自己造成损失（描述错误行为对员工的影响）。"

"不会，我记性好得很。"

"这样还会给财务部的工作带来很多麻烦，他们报账做表都是有计划和时间规定的，如果我们拖得太久，他们就没法交差了（描述错误行为对同事的影响）。"

"那又怎么样嘛，就让他们吃一回苦头好了，我出差多了，从来没有一回来就要应付这些琐事的。"

"要是你不能及时报账，我们也没办法及时向客户收款。去年就是因为这一点，公司损失了 20 万美元（描述错误行为对公司股东的影响）。"

"我们去年不是挣了几百万嘛。"

"如果你拖上几个星期不报账，上面会打电话催我，我只好不停找你，一遍一遍地重复上面的对话。我可不想这样浪费彼此的时间（描述错误行为对上司的影响）。"

"哦，真没想到这件事会给你造成这么多麻烦，抱歉抱歉，以后我会在电子日历上贴一个便条，提醒自己准时报账。"

这段对话需要你付出耐心并掌握一定的技巧。显然，对方很不愿意按你的要求去做，你必须努力寻找各种结果，从中发现可以成为对方行为动机的因素。之所以要不停寻找各种结果，是因为并不是每一种结果都能成为影响每个人的行为动机。在这个案例中，这位员工并不在乎其他结果，但是当提到这样做给上司带来的不便时，他终于决定改变自己的行为。（此外，这种说法也存在暗示可能采用制度规定等权力约束对方的意味。）

什么情况下使用惩罚手段合适

有时候，尽管你尝试了各种努力，但结果仍无济于事，这时你不得不考虑采用惩罚手段来约束对方的错误行为了。或许，对方所做的事需要你立即采取行动。或许，你孩子的行为超出了可以忍受的范围，从暗中抵制变成明目张胆地挑战父母的权威。或许，你已经解释了行为的结果，但对方就是不肯听从你各种方式的劝告。或许，你已经和对方进行过多次交谈，讨论过内容、模式和关系等各个层面，但你的员工仍然我行我素，对你们达成的协议熟视无睹。面对这些情况，你就需要改变策略了。既然和对方讨论自然结果没有任何作用，现在你只能向他们强加自己的结果了（即惩罚）。在采用这种危险做法时，你应当牢记以下几点。

掌握方法

每个企业都有自己的处罚管理规定，你必须详加研究。如果无法做到按规定进行处罚，你的做法很可能难以令人接受，从而破坏你的威信。同样，每个家庭也应当设立一套符合自己情况的处罚步骤，否则你的处罚行为肯定会引发不满。

寻求权威人士的帮助

如果在处罚对方时，你并不清楚他们过去的背景和行为细节，你应当解释他们的做法有何错误之处，声明准备对他们进行处罚，然后再回头解决问题。接下来，你必须和熟悉情况的专业人士商讨具体的处罚步骤。如果你还没搞清楚问题就勒令对方停薪留职，回家闭门思过，最后却发现他们的错误顶多只需要警告处罚即可，那你岂不是说话不算话，又该如何收场呢？同样，这种情况在家庭生活中也很常见，在处罚孩子时父母必须做到言行一致。

注意表情

处罚某人是为了改变对方的错误行为，而不是不管对方做了什么都强加处罚并以此为乐。你应当保持严肃的语气，说明按照规定必须采取的措施而不是你的主观意志。注意，处罚别人并不是一件值得庆祝的乐事，不可以流露出自鸣得意的表情。虽然你的身份从合作者变成了执法者，但这绝对不是什么值得沾沾自喜的胜利。

说明下一步

在向对方解释错误行为造成的结果时，注意说明如果对方继续这种做法可能出现的后果。你应当向其说明下一阶段的行为结果，这样做有助于让对方了解事实并产生行为动机，还能消除误解。例如，"没人跟我说过这样做会被公司开除啊！"

一视同仁

在处罚员工时，注意不要偏袒某个人。如果某个员工的某个行为每次都让你感到不爽，但同样的行为发生在别的员工身上时你并不在意，请注意一定不要出于报复心理而处罚那位员工，这种做法很不公平。当你对某人实施处罚时，其他人首先关注的是你的做法是否公平，即这个人是否得到了公平的对待。因此，在处罚员工的问题上你一定要做到一视同仁。

面对压力不要退缩

一旦决定实施处罚，一定要坚持到底，不可犹豫不决。你一定要按照规定完成处罚，不能因为对方的反抗打退堂鼓。既然需要采用处罚手段，那就必须坚持到底。如果你摇摆不定，就会给人们留下色厉内荏的印象。

如果努力失败，要坦率说出你的应对之道

我们再来看最后一种情况。如果你已经解释了和特定行为相关的自然结果，但对方仍缺乏行为动机，而你又不能强加自己的意志去驱动他们，在这种情况下该怎么办？比方说，你的老板意识到不应对你和其他同事大吼大叫，但他的回答却是："我知道这样不对，让大家很失望，但我就是容易激动，每天都面对巨大的压力，所以这种情况早晚还是要发生！"这时你该怎么办呢？你又不能把行为结果强加到老板身上。

再比如，你的合作伙伴很不靠谱，每次都延迟交付工作。尽管经过一番长谈，可你觉得对方还是会依然如故。你该怎么办呢？

和对方约定权宜之计

当你决定不使用处罚方式强迫对方改变行为方式时，你必须构思一个应对之道，然后坦率地和对方进行分享。这样一来，当对方观察和体验到问题结果时，为了避免遭遇你描述的痛苦、浪费和效率低下等情况，他们便会选择采取不同的做法，而不是继续错下去。

例如，从现在起你不必再向不靠谱的合作伙伴分配关键任务。虽然她喜欢做重要工作，这样安排会让她有些失望，但至少能让对方明白你为什么会这样做。

对于那位脾气火爆而且拒绝做出改变的老板，你可以这样应对，当他再次发火时，你和同事先退避三舍，给他点儿时间去自我冷静，然后再找时间和他进行有效的交流。而且，你和同事还要做出一些牺牲，对于那些容易招致老板暴脾气发作的内容或话题最好不要提起。虽然你们必须努力保持坦率面对，但老板自我防御的做法还是会给你们带来很大的麻烦。通过和对方分享你的应对策略，你的做法实际上等于帮助老板进行选择，看这种结果组合是否符合他的需要。

这个技巧至关重要，因此我们想多说几句。对于那些长久保持错误行为的人，我们应当做到以下两点。第一，我们应当避免和对方展开关键冲突对话，这样我们就不用帮助对方了解其行为结果。如果我们无法改变他们的期望，他们又何必改变自己的做法呢？第二，我们应当设计一个权宜之计，让对方可以继续自己原来的做法，浑然不觉有任何不妥之处。例如，我们的老板从来不回电话，那我们可以秘密地安排一个人替她回电话。有位医生能力不足，我们可以小心地做出调整，把重要的手术安排到他不值班的时间。如果父亲一向脾气暴躁，我们可以专门给他买一台宽屏幕电视，让他在自己的世界里怡然自得。

实际上，对方缺少改变行为的动机，有时候很大一部分原因在于我们自己。换句话说，我们也是他们错误行为的同谋。我们可能会滥用权力，招致对方的反感和抵抗。我们总是隐忍不发，无法提供诚实有效的反馈意见，最后被迫利用各种权宜之计让对方继续忽略其行为带来的恶劣后果。在这些情况中，我们都是有部分责任的。

即使你没有权力把自己的意志强加给别人，你仍然可以通过坦率提出应对之道的办法避免成为对方错误行为的"帮凶"。

善始善终

至此，我们认为你已经学会如何激励他人的行为动机了。你应当和对方探讨行为结果，选择毫不退缩地面对问题，让对方同意按照你的要求去做，整个对话进行得非常顺利。不过事情还没有结束，要保证你没有浪费时间，还有一件工作需要完成。换句话说，和对方达成协议是一回事，但决定以后应当怎么做则是另一回事，它需要用新的技巧来完成。

在结束冲突时，你应当制订一个计划，说明何时何地由谁来完成什么任务，然后确定跟踪时间以便检查计划的执行情况（具体做法见第 7 章）。

案例：这段婚姻能否继续维持

下面我们用一个案例来说明，看看如何应用讨论自然结果的方式来解决关键冲突。

他讨厌我的孩子

盖瑞和凯莉都是二婚，凯莉和前夫生有两个孩子，一个15 岁，一个 20 岁。凯莉和盖瑞初次见面时，盖瑞对这两个孩子挺感兴趣。现在，他们已经结婚四年了，盖瑞对孩子们的兴趣越来越低。实际上，他对孩子们几乎总是很粗暴，动不动就对他们大呼小叫。他们之间的关系很紧张，孩子们在家里感觉自己就像陌生人一样。凯莉开始担心，自己是否必须在盖瑞和孩子们之间做出一个选择。

雪上加霜的是，对于这个问题盖瑞从来不愿和妻子谈论。每次凯莉试图讨论他们之间的关系时，盖瑞都指责她不讲道理，然后便气冲冲地摔门而去。可怜的凯莉该怎么办呢？有一点是可以肯定的，即对话刚开始的几秒钟是最关键的。凯莉只有 30 秒的时间去完成两件事，一是帮助盖瑞建立和自己讨论问题的愿望，二是设置安全的讨论氛围，让对方能够和自己实现富有成果的交流。我们来看看她是怎么做的。这一天，盖瑞正在房间里处理邮件，孩子们都出门了，夫妻二人差不多有一个小时的私密时间。

凯莉："我觉得我和孩子让你的生活变得越来越不开心了，情况似乎变得越来越差而不是越来越好。"（营造安全氛围：她在试图尊重对方，同时说明自己的谈话目的。）

"我希望咱们能用一个小时的时间好好谈谈这件事。我觉得这样做可以让我们回到一年前的正常状态。"（她继续营造安全感，说明共同目标。）

"如果我们不把事情谈开，我担心咱们的关系很难这样继续下去。"（她说明潜在行为结果，找出盖瑞关心的自然结果。）

盖瑞："你是在威胁我吗？"（他对妻子的最后一句话产生误解，认为对方以感情作为要挟。）

凯莉："当然不是，如果让你误会了，我感到很抱歉。我根本没有要攻击你的意思，只是想和你敞开心扉地谈谈我关心的一些问题。"（凯莉马上跳出谈话内容，利用对比法重建安全氛围。）

"老实说，我们俩好几个月都没有亲近对方了，我觉得这是一个大问题。这个问题完全可以解决，但是首先我们必须坦率地进行交流才行。"（凯莉在分析自然结果，联系当前价值，淡化对话带来的短期痛苦，强调对话带来的长期利益。）

"虽然谈话不一定非要现在进行，但我认为肯定是要进行的，否则事情只会变得越来越糟。我担心如果这样下去，在一起还不如分开更好。"（她在联系逃避对话这种错误行为的短期优势和长期劣势。）

"但我真的不想这样。"（她再次跳出谈话内容，确保对方不会产生误解，把对自然结果的分析视为威胁行为。）

盖瑞："好，那就谈谈吧。不过，要是你只想指责我不该责骂孩子不听话，应当容忍他们把家里搞得一团糟，那我可没兴趣听，肯定掉头就走。"（盖瑞威胁妻子，试图表现出暴力，原因是感到不够安全。他还是担心妻子会把谈话过程当作发泄途径，而自己正是被攻击的目标。凯莉意识到了他的顾虑，决定通过增加安全感的方式来应对威胁。）

凯莉："对不起，我知道我很多时候做得很过分。关于孩子的问题，最近我是太为他们护短了，结果让你感觉我是在责怪你，不理解你的看法。我想如果我们能好好谈谈，一定能找到更好的解决办法。你看现在谈好吗？"

盖瑞："嗯，可以，从哪儿开始谈呢？"

制造动机

我们已经详细地描述了问题，现在开始倾听对方的看法，以便确定错误行为是动机还是能力问题导致的。在本章中，我们探讨的是问题解决模型的动机因素。

当对方缺乏行为动机时，我们必须为他们制造正确的行为动机。

- 利用结果制造动机：动机并非你可以施加于他人的因素，而是自发产生的。换句话说，人们做出某种行为是因为自己想要这么去做，他们可以通过预测特定行为的结果来形成动机。由于任何行为都会导致各种不同的结果，人们因此可以在整体结果组合的基础上做出某种行为。

- 探索自然结果：要做到这一点，首先必须从说明自然结果开始。对商业场合而言，你应当说明错误行为对各相关方的影响。这里所说的相关方包括员工、顾客、共有人、社区和管理机构。

- 方法要与情况吻合：当人们想要了解问题时，你需要说明你的要求和具体原因；当对方企图逃避退缩时，你必须忍住诱惑，不要轻易强迫对方服从，你应当寻找对他们来说最具影响力的结果作为激励对方的突破口。

- 善始善终：最后，结束对话时应当制定明确的目标，即何时何地由谁来完成什么任务，然后设定跟踪时间表以检查计划的执行情况。

其他资料

你是否为如何"制造动机"头疼呢？请参考本书附录 C，了解如何用表扬手段鼓励对方。

下一步

下面我们要讨论的是六种影响力模型的另一个角度，学习如何应对对方缺乏行动能力导致的错误行为。

| 第 5 章 |

简化问题

如何更轻松地让对方信守承诺

学如不及，犹恐失之。

——孔子

下面我们要分析的是六种影响力模型的能力部分，首先我们来看一个案例。凯尔是你的下属——一位政策分析员。他本来应该完成一份立场文件并在中午之前交给你，以备会议辩论之用，但他并没有完成任务。你把他叫到办公室询问情况，他的回答是很想完成你安排的工作，但没有做到并不是他的过错。凯尔向你解释，负责做数据分析的专家突发阑尾炎住院了，只有她知道怎么解读那些数据。

于是，凯尔的工作受到了影响。不过，他马上做出了补救，在第一时间给你打电话报告问题，可你当时正在另一个地方开会。然后，他又给你发了语音邮件。简而言之，他虽然没有完成任务，却尽力让你知道这一结果。显然，他的过错绝对不是动机问题导致的。

学会正确分析原因

刚刚读完第 4 章，面对这样的问题，你肯定觉得和凯尔讨论错误行为的自然结果是个好主意，你觉得他应当知道这些结果。

"好吧，听我说，如果在辩论中有人提出了错误的问题，我们肯定会表现得很差，就是因为我们没准备好那份立场文件。"

这番话让凯尔脸色煞白，急忙转身离去，嘴里还咕哝着要找数据专家云云。

"哈，这下他可不敢找借口偷懒了。"你暗自高兴地想。

如果你真的这么做，那可就大错特错了。如果你够聪明、够犀利的话，应该看得出凯尔没有完成任务并不是缺乏动机所致。为对方无力完成的任务寻找各种主观原因显然是错误的，根本不可能解决问题。实际上，这种做法可以说是相当残忍的。凯尔需要的是你的帮助，帮助他清除工作中遇到的障碍，而不是让你怀疑其行为动机。因此，我们需要了解的真正问题是，怎样才能帮助对方清除工作中面对的各种障碍？或者这样说似乎更合适一些，我们怎样才能帮助别人更轻松、更愉快地完成任务呢？

动机和能力的必然联系

为了了解如何帮助他人形成行为能力，我们首先必须研究动机和能力两种因素更为微妙的两个方面。第一个方面是，动机和能力是一对密不可分的连体事物。很多情况下，两者都是相辅相成、互相作用的。其原因在于，如果某件令人讨厌的工作很难做，那它一定是让人丧失行为动机的。想想看，谁愿意主动去清理马粪，填写费用报告或是写学期论文呢？

这就是我们的第一个问题：如果一件工作很难做，或是极其无聊、令人讨厌，那人们违反承诺的行为到底是因为能力问题还是动机问题呢？应该说，他们是无力完成这项任务，至少是不能轻松完成任务，结果失去了想要工作的动机。那么我们到底寻求的是什么原因呢？

按照最简单的定义，如果一个人能够做某事但选择不去做，那就是缺少行为动机，属于动机问题。对此人们常用的比喻描述是："如果有人拿枪指着你的脑袋，你能完成任务吗？"如果答案是肯定的，那就说明他们有行为能力但缺少行为动机。

不过，这种简单化的观点无法满足我们的需要。如果一项工作真的是无法完成的，那就显然是能力问题，这个结论未免有些草率。例如，凯尔很努力地想要完成立场文件，但还是无法及时提交报告，这种行为肯定和动机无关。但是，如果这项工作很难、令人生厌、枯燥无聊，这时我们就必须更全面地来看待问题了。后者并非简单的能力问题，而是结合了动机和能力两种因素的综合性问题。

这两种因素的相互影响方式是这样的：短期之内，如果一项任务是令人讨厌但并非无法完成的，我们还是能应对压力，坚持把工作做完。但长期来看，我们必须找到一种方式消除那些令人感到厌恶的因素，否则就要长期面对一个大问题，即如何不断激励员工去做他们不喜欢的工作。这可不是什么好玩的事。

动机和能力可能会混为一谈

我们需要注意的第二个方面是，在分析错误行为原因时，我们必须百分之百地确定没有把动机和能力混为一谈。尽管这两者是完全不同的概念，但人们很难清楚地说出他们到底是不想做，还是不会做我们要求的工作。实际上，只要问得足够清楚，我们相信对方一定能准确无误地说出他们缺乏的到底是能力、动机，还是两者兼而有之。

例如，旺达是你的维修技师，今天不知何故没有到客户公司解决问题。你向她询问原因，她的回答是："我去了，但那里锁着门。我给对方打电话，结果是语音应答机。"

这显然是能力问题了。如果你幸运的话，对方会直言不讳地告诉你事情到底是动机问题还是能力问题导致的。

模糊的原因

但是你不可能总是那么幸运，很多情况下对方（本案例中指旺达）往往会这样回答你的问题："唉，别提了。"

　　这个回答既模糊不清又相当危险，你必须探明究竟，看她是不会完成还是不想完成这项工作。于是，你问道："你是说在工作中遇到了问题，还是根本不想做这个工作？"

　　旺达的回答还是让人模棱两可："你还不知道嘛，反正是烦死了。"

　　你继续问道："我不清楚你到底指的是什么问题，你选择不去做，还是因为没办法完成任务？"

复杂的原因

　　最后旺达终于道出了实情。正如我们所料，和大多数情况一样，她解释的原因也很复杂："我讨厌为那些家伙工作，他们总是对我指手画脚，抱怨个不停，想到他们我就害怕。我想如果我不去的话，也许你会安排其他人完成这件工作。"

　　瞧，这才是问题的真正原因。她不想做（原因似乎可以理解），因此逃避责任，还不想让你知道，害得客户空等，最后还希望你能派其他人去面对难缠的客户。旺达选择的是不作为（即动机问题），而她之所以缺乏行为动机是因为能力不足，她不知道该如何面对难缠的客户。

　　在讨论这个问题时，你面对的事实是旺达没有承担自己的任务，放客户的鸽子，还想在你面前蒙混过关。显然，这是非常严重的错误行为。虽然你最终要解决的问题是帮助她学会更好地面对难缠的客户，但是你肯定不能从这里着手解决问题。因为这个问题和大多数问题一样，都相当复杂，需要进行详细分析和寻找多种解决方案。在对所有的影响力因素进行分析之前，你只能发现其中某个细枝末节的潜在原因。

隐藏的原因

信不信由你，有时候人们会把问题的真正原因故意隐藏起来秘不示人。如果他们担心无法完成工作或不愿完成工作的事实会给自己带来麻烦，他们会掩盖事实以避免出现新的问题。例如，某主治医师让一位医学院实习生给一个 75 岁的老太太做胸腔静脉注射，但这个实习生不太确定该怎么做。就在这时，医生接到电话去为另一位心脏病患者做手术。这个实习生居然什么都没说，而是自己尝试起来，结果针头刺穿了患者的肺囊，导致对方死于并发症。这个案例不可谓不深刻，就是因为这位实习生不好意思说自己不知道该怎么做，结果竟然让患者付出了生命的代价。（这是一个真实案例。）

关于能力问题，或许更常见的情况是人们喜欢隐藏自己是文盲的事实（在美国有 23% 的人是文盲）。很多员工担心，如果说出自己无法阅读，无法进行简单计算，自己很可能会丢掉工作。例如，你向一位员工问道："约翰，你怎么没把新来的设备安装好呢？"其实，约翰是个文盲，无法阅读安装说明书。尽管费了半天劲儿，可他还是没能完成任务。他很担心如果你知道了实情会把他开除，于是这样回答道："我讨厌做这种工作，到处是眼花缭乱的数字和表格。不是我做不来，是不想做。"

看，这就是隐藏真实原因的做法。这时你会得出这样的结论，约翰不喜欢这项任务，他缺少的是行为动机。于是，你开始向他解释这种行为的自然结果："约翰，有两家客户都在等着我们开工，设备安装的时间越长，他们等待的时间就越久。"

毫无疑问，你是在做无用功。这番对话根本无法解决问题，因为无论你解释多少种行为结果，约翰还是没办法完成任务。

虽然听上去有些不可思议，但事实表明在很多情况下，那些喜欢违反规定或是不服从上级命令的员工经常性地隐藏这样一个事实，即他们无法完成被安排的任务，这种情况可以说非常普遍。正因为这样，他们宁愿选择受到处罚甚至甘受被解雇的风险，也不愿让人发现这个令人羞耻的事实。

或许，隐藏真正原因最常见的情况是，人们习惯用虚假的能力问题来掩盖自己缺乏动机的事实。当人们以为老板并不关心工作进展，没想到对方突然询问任务是否完成时，这种情况便会经常出现。在这种情况下，抛出能力障碍作为借口要比承认自己不愿努力好得多。因此，他们肯定不会说"我还有更重要的事要做"，而是扯出下面的弥天大谎。

"我是准备来参加晨会的，不过闹钟没响，今天没起来。"

"我是想在你准备露天聚会之前给草坪除草的，可又琢磨着是不是应该把草剪得更短些，所以一犹豫就……"

可见，你必须仔细聆听对方的回答，从中寻找隐藏真实原因的蛛丝马迹。当约翰说"……那些令人眼花缭乱的数字和表格，不是我做不来，是不想做"时，细心的聆听者会继续探寻到底有什么困难，以便营造安全氛围，让约翰说出看不懂安装说明书的事实。

在回应虚假动机问题时，通常我们会在第一次怀疑的时候给对方一个机会，如"那你怎么才能确保下一次闹钟按时响呢"。

如果这种借口再次出现，你就要面对模式问题了。

"这已经是你第三次出现同样的问题了，我们一直都很耐心，但问题是你必须参加晨会。"

"我已经和你说过五次了，让你做一些家务，而且你也答应了。刚才我去办点事，一回来你就一堆理由，就是不肯做家务。"

你的任务是简化问题

如果你找到了问题的根本原因，对方有能力完成任务，只不过这项任务太过讨厌和无聊，你该怎么办呢？答案很简单，你应当帮助对方消除障碍，因为简化问题就是你的工作。不幸的是，并不是每个人都会这样想。实际上，有些人的做法恰恰相反，他们以能够鼓励他人完成令人讨厌或无聊的任务而颇感自豪。

我们认为，善于鼓励他人不断完成几乎无法完成的工作，这种行为并不值得管理者或父母自豪。的确，成为一个富有成效的激励者固然是一件令人满意的事，但最好的管理者的做法并不是简单地鼓励人们不断去完成令人痛苦、难以接受

和讨厌无聊的工作，他们更善于帮助人们想办法缓解工作中的痛苦，简化工作中的难题，消减工作中的无聊。

这才是影响力大师们真正闪光的地方。他们视自己为促进者、便利者和支持者，而不是手持大棒的卫兵或笑容灿烂的啦啦队员。可以说，对这些问题解决高手来说，这种自我意识对他们的影响甚至超过了他们掌握的技巧，充分显示了他们和普通问题解决者之间的差异。换句话说，经验丰富的问题解决者总是以能够帮助他人简化问题为傲，这是他们的黄金法则，是他们在解决问题时必做的工作。

而那些经验不足、喜欢控制他人的问题解决者，对自己的角色往往有不同的看法。他们喜欢不计代价地让别人去完成各种难上加难的工作，然后四处吹嘘自己的管理能力如何优秀。对他们来说，帮助员工减轻任务的难度是一种示弱的做法。此外，这种想法和态度在家庭生活中也毫不鲜见。例如，为了让另一半和你讨论敏感话题，有些人很喜欢抛出大段大段的道理让对方感到内疚，感到像木偶一样受到操纵。那么，人们为什么会这样做呢？答案是对权力的迷恋。对有些人来说，权力是至高无上的，他们对权力的热爱远远超过对人际关系甚至是对问题结果的重视。

认为能够强迫他人完成痛苦的工作是件值得炫耀的成就，这种想法让领导艺术变得既充满吸引力又十分违反直觉。毕竟，人类总是在孜孜不倦地寻找避免痛苦、发现快乐的方式，而不是反其道而行之。

对于某些管理者，安排人们去做令人讨厌的任务对他们的管理荣誉来说或许是件好事。毕竟，要付出代价的通常只是那些员工而已。但是，如果作为一个普通人来处理这件事情，他们肯定会想办法消除无聊的任务，或者至少能让这些任务变得轻松一些。想想看，我们哪个人不喜欢自动车库感应门、电视遥控器和开瓶器这些方便实用的发明呢？实际上，没有这些设计我们也能生活，但是显然会麻烦很多，是它们让我们的生活变得更加轻松。

我们之所以要着重说明必要性和便利性之间的差异，是因为我们必须坦然接受这样一个观点，即人们希望以更轻松、更便捷的方式完成工作是完全正确的选择，这种想法并不存在任何问题。

期望摆脱困难无聊的工作并不能说明人们存在性格上的缺陷，实际上聪明的工作者都是这样做的。

比方说，你 12 岁的儿子费了很大工夫发明一款自动挠痒扒，或是坐在轮椅上让朋友推着逛商场，你既可以认为他太懒惰，也可以换个角度去想，认为他很有创意。同样，如果你安排的工作很难做，但又不是做不来，在这种情况下员工便会遇到能力障碍。这时，你既可以应用动机工具鼓励对方埋头苦干，也可以想办法简化问题，或者是双管齐下解决问题。

在本章中，我们主要讨论的是如何简化问题以便消除员工的能力障碍。我们在上一章已经学习了如何激发员工的行为动机，接下来要了解的是如何简化任务，这是一种非常聪明的做法，有一举两得之效。

简化任务的手段

共同发现能力障碍

其实，要了解如何应对能力问题很简单，你只需和对方共同探索潜在的能力不足之处，然后将其消除即可。尽管听上去简单，但要了解如何消除能力障碍就需要下点儿功夫了。我们必须搞清楚的是，人们无法完成某项任务到底是个人（他们缺乏完成任务所需的技能或知识）、社会（他们的朋友、家人或同事不肯提供完成任务所需的信息或材料）还是结构（他们周围的环境无法正常运作配合）所致。在分析六种影响力模型中的能力模块之前，我们先来看看一些长期形成的错误的解决方式。

别急着提供建议

通常情况下，我们得知有人遇到能力障碍时，总是习惯性地提出各种建议，甚至连想都不想。我们认为自己有类似问题的处理经验，认为自己知道该如何解决。于是，我们看到出现能力问题时，马上会卷起袖子准备大干一场，简直就是典型的巴甫洛夫式条件反射行为。问题一旦在我们眼前出现，我们就像通了电的话匣子一样，开始滔滔不绝地指导起别人该怎么做。

我们认为，当人们向你寻求帮助，说明自己遇到的困难时，基本上你都会告诉他们该怎样做。毕竟，这正是他们来找你的目的。但是，这并不表明急于提出建议一定是明智的做法。

你要亲力亲为吗

下面我们就来看看其中到底有何奥妙。比方说，一个孩子拿来一个坏掉的玩具请你帮忙修补，或者至少让你尝试修补一下。这种情况不难理解，这个孩子可能不知道该怎么修理，或者是不具备修理玩具的能力或工具，所以现在成了让你来做这项工作。这可是帮助人的好事，难道不是吗？

对于老练的问题解决者来说，当有人遇到能力障碍问题时，他们发现有两种解决方式。一是直接告诉对方该怎么做（如果你知道的话）；二是和对方一起寻找解决方案，他们会说："你觉得这个应该怎么修理呢？""你能和我一起处理吗？"聪明的问题解决者会选择第二种方式，即和对方一起想办法消除能力障碍。为做到这一点，他们必须抑制常人急于提出个人建议的冲动，以便吸引对方参与解决问题，其中的原因如下。

吸引对方参与是一种双管齐下的解决方式

（1）它能提升对方解决问题的能力。如果你采用第二种方式，即吸引对方参与解决问题，这样会带来两个重要的结果。首先，你可以了解他们的想法。他们可能不太清楚到底该怎么做，但通常会知道哪些方法是行不通的。实际上，他们有可能知道该怎么做，但是需要完成工作所需的材料或许可。无论是哪种情况，你都可以用这样一个简单的问题启动关于能力问题的讨论："要解决这个问题，你觉得需要做些什么？"你应当了解他们的观点，请他们公开说出自己的意见、看法和感受。这样一来，他们就会一点一点地道出自己遇到的能力障碍。

如果对方不太清楚该怎么做，或是明显不了解当前状况，这时你可以不失时机地说出自己的看法。当然，你的表述方式非常重要，会对结果造成显著影响。正确的交流感受应当是和对方建立合作关系，也就是说，你和对方是智力上完全平等的伙伴，可以彼此自由交换看法。

（2）它能激励对方解决问题的动机。吸引对方参与解决问题还有第二个重要的好处。当人们和你一起寻找问题解决之道时，他们完成任务的动机也会得到很大的激励，这一点也很关键。对此，我们总结了一个公式：

$$效力 = 精确性 \times 承诺$$

大部分问题都有多种解决方案，一种方案的效力取决于其所用策略的精确性，这一点是毋庸置疑的。此外，方案实施者的主观意愿，即对该方案的信任程度也发挥着同样重要的作用，这就是个人承诺产生的影响。

如果一项解决方案在策略上存在缺陷，但实施者做出了全面承诺，这种方案要比那些策略上完美无缺但实施者拒绝执行的方案在效力上高得多。

说得明白一点就是，很多人都认为，吸引对方参与解决问题的原因在于，这样可以让他们认为最终的解决方案是自己想到的，因此会在执行过程中非常自信、加倍努力。我们提出这样的观点，并不是建议你操纵对方的思想，让他们认为你的观点就是他们自己的观点。吸引对方参与解决问题并不是什么耍花招的行为。我们只是想说明，对方并不是没有观点的人，公然排斥他们的看法对任何人都没有好处。当人们可以全程参与寻找解决方案的过程时，他们不但会明白为什么要用特定的方式完成工作，而且会在工作过程中充满动力。

换句话说，吸引对方参与解决问题，实际上等于你赋予了他们行动权力。这是一个一举两得的好办法，不但能提供解决问题的方法，而且能激励解决问题的动机。

从询问对方的观点开始

好吧，既然吸引对方参与解决问题比直接告诉对方怎么做更好，那我们该怎么做呢？这个问题其实并不复杂。

你首先要做的是询问对方的观点，他们是最接近问题的人，你应当从了解其看法入手。

一开始我们在培训解决能力障碍的技能时，整个过程看起来挺简单。首先询问对方的观点，然后倾听他们的看法，接下来他们就能感到具备行动能力了。还有什么比这更简单的吗？这个过程恐怕连三岁小孩都能轻松搞定。可是我们错

了，在这个过程中有几个地方很容易出错。下面我们就来分析如何规避最常见的三种错误做法。

不要存在偏见

在多年的培训过程中，我们发现很多学员喜欢用下面的方式来吸引对方参与解决能力障碍。

"就是说你没办法联系到律师了。这样吧，你不妨直接开车去他的办公室，一直等到他回来，你看怎么样？"

选择这种策略的人对于增权概念其实只是一知半解。当你为对方提供表达不同意见的机会时，他们往往感觉良好，会把自己的看法和盘托出。

然而不幸的是，如果你是谈话中权力较大、地位较高的一方，当你提出自己的观点然后询问对方的意见时，情况就大大不同了，你的做法很可能会让对方形成偏见。首先，你在对方的意识中填入了你的观点，这种做法会阻止新思路的产生。其次，你会无意中传递出这样一个信号，即你的想法才是真正想要采用的问题解决方式，于是对方便不敢做出任何反驳了。

例如，在上面的案例中，对方的回答很有可能是："好吧，我开车去找他。"

我们认为正确的做法应当是，询问对方的观点，等待他们提出最佳方案，然后在必要的情况下提出自己的看法。例如，你正在和儿子对话，问他为什么不把车道上的雪清除掉，他回答说扫雪机坏了。你问道："你觉得应该怎么修理呢？"实际上你心中早就有了答案，但这样做是为了听听他有什么意见。他说扫雪机压到了周末晚报，报纸卷进机器堵塞了抽雪风口。接着，他开始分析应该如何清理，需要哪些工具，大概花多少时间等内容。你向儿子建议采用更好的工具并教授这种工具的使用方法，就这样你们一起找到了问题的最佳解决方案。

不要假装吸引对方参与

出现这种情况有两种原因，一是你已经有了解决问题的方案，不希望对方参与进来，而是按自己的想法去做；二是你认为吸引对方参与解决问题只是在走过场，是做给别人看的举动。于是，你很自然会得出这样的结论：我只要假装吸引他们的参与即可，表面上询问他们的观点，实际上暗自操控他们，让他们按照我的想法去做。

显然，这种做法是赤裸裸地操纵他人。这种感觉就好像把一只老鼠放进迷宫里，然后不时丢入一颗小球以帮助它在转弯时做出正确的选择，绝不是真心实意地邀请对方一起努力寻找消除能力障碍的方式。下面是一个案例。

"你觉得怎样才能准时完成这些工作呢？"你问道。

"增加人手怎么样？"（你撇撇嘴，连连摇头。）

"那我可以加班。"（你皱起了眉头。）

"呃……这样吧，我省略几个步骤怎么样？"

"哦？说说看。"你接着问道。

"我们不用对材料做塑料封装，这样能节省不少时间。"

"这可不行，我看可以在文件方面下点儿功夫。"

"我可以把账单工作推迟到……"

"我在想是不是能把文件调整一下。"你暗示对方。

"那……环境报告部分吧，把这里改改怎么样？"

"嗯，这个办法不错，这部分内容可以以后再体现。谢谢你提出这么好的解决方案！"

大家读到这里或许会哑然失笑，因为这种情形在我们的生活中何尝不是随时都在上演呢？很多父母用起这一招来更是得心应手。

"晚上想吃什么啊？"妈妈问道。

"汉堡和奶酪！"孩子们大喊。

"我觉得是不是应该来点绿色蔬菜啊。"

"不，就要汉堡加奶酪。"

"呵呵，那带蔬菜的行不行啊？"妈妈仍在坚持。

"那就带青豆的汉堡和奶酪。"

"那可不行，"妈妈皱起了眉头，"淀粉太多了。"然后继续和孩子们讨论起来，直到让他们接受自己早就打定主意要做的晚餐。

这种沟通方式的问题并不在于掌握权力的一方已经形成了对问题的看法。实际上，他们当然应该有自己的看法，而且应该和对方分享自己的看法，或者是做出单方面的命令，这并不是问题所在。真正的问题在于，他们以吸引对方参与为幌子向对方强行兜售自己的看法。这种骗人的把戏看起来有些像"猜猜我怎么想"的小花招，是非常不尊重对方的行为。

由此可见，吸引对方参与解决能力障碍绝不是什么噱头，你必须真心实意地想要听取对方的意见才行。

不要先入为主

这种错误经常是低信任度和错误观点的产物。对刚刚上任的管理者来说，他们不愿询问下属意见的原因在于，他们认为如果不表现出对工作万事通的样子，会让大家感到自己能力不足，不具备当领导的资格。在他们看来，征求他人的意见是一种愚蠢的做法，只会让人感觉自己软弱无力。在面对遇到能力问题的员工时，此类管理者会拼命罗列各种观点，以此证明自己是合格和胜任其职位的。他们最不愿意做的是向需要帮助的下属询问问题处理意见。

在各种错误观点中，传播小道消息和假装万事通是最为离谱和伤害最大的两种行为。管理者要证明个人能力，靠的不是样样通晓，而是知道如何把不同的员工（员工对于具体问题的了解要比管理者多得多）进行正确的组合，知道如何鼓励他们实现共同的目标。

因此，自信的管理者并不耻于对员工说出这样的话："这个我还真不知道，你们知道答案吗"，或是"嗯，我不知道，不过我会找到答案的"。

同样，对于夫妻来说要想吸引对方参与解决问题也不是一件容易的事情。在讨论棘手问题时，除非我们已经找到了解决方案，否则通常都不愿和对方共同进行探索。换句话说，如果没有用事先准备好的可靠计划而直接和对方进行讨论，这种行为会带来巨大的不确定性，让谈话过程充满风险。万一我们无法解决全部问题怎么办？万一找不到答案怎么办？万一对方提出非常愚蠢的方案怎么办？面对这些顾虑，我们会事先想好一切，殊不知这样做恰恰否定了对方参与解决问题的真正意义。

在和对方讨论之前就事先确定想法，这样做显然无法实现利用关键冲突解决问题的目的。正确的观点应当是谈话双方为满足共同目标，通过合作确定共享式解决方案。如果你习惯在讨论之前事先准备好问题的答案，不妨这样考虑问题：我的想法未必十全十美，因此需要和对方合作，以便找到更好的解决方案。带着这种想法去共同寻找答案时，关键冲突对话就会成为你和对方之间人际关系的黏合剂，帮助你们面对和战胜共同的敌人。有鉴于此，千万不要在开口之前先入为主，这样会让你的合作方在无形中受到排斥。

父母在对待孩子的问题上也会出现同样的情况。他们是否应该遵循"别在孩子面前露怯"的古训呢？显然，对孩子来说，他们肯定希望作为成年人的家长成熟自信，凡事都能处理得井井有条。父母的无所不知会让他们很有安全感。因此，作为家长，最大的忌讳就是去问孩子该怎么做，这样肯定会把他们吓坏。可是，即便这些说法有道理，让孩子早点知道他们的父母并不是万能的，但总是会努力帮他们寻找问题的答案，这难道不是更好的方式吗？

所以，我们建议各位父母，还是忘掉那些古训吧，征求孩子的意见并不是什么要命的事情。毕竟，他们早晚有一天（大概7岁）会比你还了解电气知识。作为父母，你们应当坦然接受自己并非全知全能这个事实，不必在孩子面前扮演万事通。你能做到陪伴在他们左右，照顾他们的饮食起居，教会他们正确坐便，这就可以了。别担心，你已经有足够的能力和信用让孩子感到内疚了。

六种影响力模型

假设你发现有人未能实现其承诺。你认真分析了事件的具体情况，发现对方明显具备行为动机，但就是无法完成被要求的任务。你暂停下来，抑制内心想要提出建议的冲动，向对方问道："既然你是对问题最清楚的人，你觉得应该怎样完成这项工作呢？"

询问完对方的观点之后，我们便可以转而采用影响力模型了，利用这个工具分析到底是哪种力量在发挥作用。我们需要听取对方的建议，然后尽最大努力和他们合作，一起找到问题的根本原因。

这项工作并不简单。在激发对方的行为动机时，任何一种影响力都能消除负面作用。例如，你可能不喜欢这项任务，你的朋友可能因为这项任务取笑你，你的家人也不支持你做这件事，等等。但不管是哪种情况，你真正需要的动机是钱，有了钱这些问题全都迎刃而解。可以说，对行为动机而言，一种影响力足以解决所有的问题。

但对于能力问题来说，情况就不同了。任何一种能力障碍都会压倒所有的授权力量。例如，你知道该怎么完成任务，也拥有完成任务所需的材料，但你的同事没有完成分内的工作。虽然只是欠缺一条要素，你空有一身力气和干劲却无计可施。对于行动能力而言，一种不利因素的存在足以抵消所有有利因素的综合影响，因此你必须非常善于分析各种可能的不利因素。否则，问题的结果很有可能给你带来严重的损失。换句话说，你和你的对话伙伴必须精于条分缕析，懂得如何分析各种已有的和潜在的能力障碍。

集思广益

假设对方愿意分析各种可能导致能力障碍的影响因素，但他们可能并不清楚在整个问题中发挥作用的所有影响因素。因此你们必须集思广益，一起寻找问题的潜在原因。如果你们都愿意这样做，必须善于讨论和个人、社会以及结构相关的各种能力障碍。

（1）个人。共同讨论个人能力问题是一项需要技巧的工作。如前所述，人们总是会掩饰自己无力行动的事实，习惯用其他障碍作为借口而不是坦言自己无法完成任务，当该任务是其工作中的基本内容时更是如此。面对这种状况，你必须营造安全氛围，让对方敢于说出自己面对的个人挑战。你应当冷静地询问对方是否对其工作、知识水平和其他能力因素感到满意。注意在谈话中保持积极向上的气氛。

（2）社会。他人在工作中发挥的推动或阻碍作用其实很容易讨论清楚。这个问题涉及的是他人做出或未能做出的行为，对你的谈话伙伴自身来说并不具备威胁。尽管如此，当对方担心这样做会有"出卖同事"的嫌疑时，他们便会给朋友打掩护，顾左右而言他，回避问题的本质。因此，你仍需营造安全氛围，让对方毫无顾虑地谈论其同事的影响。注意，在谈话过程中不要流露出"指认真凶"的语气，因为你的目的不是要责备或惩罚某人，而是要寻找和消除能力障碍。

（3）结构。相比之下，外部环境对行为产生的影响是最容易进行探讨的。例如，如果你去询问，很多人都喜欢把生活中的困难归咎于公司表现不佳，前提是他们还记得那些令人烦心的事。实际上，人们很容易忘记外部环境对其无法实现目标带来的影响，倾向于把身边的环境当作既定的、无法改变的事实来接受。他们总喜欢抱怨"情况总是这样，没有一点变化"，然后便开始絮叨起来。在分析外部环境的影响时，你可以向对方询问公司的体系结构、工作安排、管理制度和工作流程等细节。

三个小提示

在和对方一起分析能力障碍时，别忘了问问自己以下三个问题。

- 对方能否坚持面对问题？在消除能力障碍的过程中，你必须确保问题不会重新出现。毫无疑问，如此大费周折得出的结论如果只能满足一时之需，这肯定不是你想要的最佳解决方案。例如，对方没有完成任务是因为缺少所需的生产材料，打电话给物料部虽然可以马上解决问题，但是并不能保证解决另一个问题："这种情况是否还会发生？为什么会重复发生？"

- 其他人是否遇到类似的问题？扩展式思考有利于把解决方案应用到其他人身上，分析他们的能力需求。例如，某个员工不知道该怎么完成工作，你和他一起总结出了一套能力开发计划。那么，其他人是否也需要类似的计划呢？还是这个问题只是这个员工遇到的个别情况呢？

- 你们是否分析了所有的潜在原因？在和对方结束讨论时，最终的问题肯定是："你是否发现了所有的影响力因素，并且一劳永逸地解决了这些问题呢？"例如，对方需要接受软件使用培训，那你就要想为什么现有的培训课程不起作用。是不是授课老师能力不足？这种情况又是怎样发生的呢？据说，日本企业的总裁经常鼓励管理人员在分析问题时问五次为什么。我们的建议是，在寻找问题的根本原因时，管理者必须把遇到的情况一次性全部解决，只有这样才算完成任务。

在必要时提出建议

记住，我们的目标是要和对方合作，共同寻找问题出现的根本原因，消除其中的能力障碍。因此，我们不能急于提出解决方案，不能把自己的观点强加给对方。此外，正如我们一直认为的那样，最接近问题的人最有可能看到更多的能力障碍，在这一点上他们比其他任何人更有发言权。尽管如此，有些时候他们仍需要别人的帮助来发现问题，因为他们无法看到那些阻碍其视线的障碍。在这种情况下，我们就必须为他们提供建议，指出黑暗道路上的绊脚石。简而言之，我们的任务是照亮和发现那些隐藏在角落里难以觉察的障碍。

学会利用自然环境

哪些类型的障碍最容易被人们忽视呢？如前所述，大多数人很难发现组织结构方面或环境方面的影响因素。由于我们身边的外部因素高度静态，因此会让很多人熟视无睹。如果仅从自己的角度出发去判断，我们无异于坐在锅中的青蛙，浑然不觉即将到来的灭顶之灾，因为我们意识不到周围的温度正在缓慢上升。同样，在现实生活中，我们也很难察觉一些微妙的影响因素，如外部环境的设计，工具和技术的适用性，命令传达链条以及企业规定和工作流程等。

例如，你和儿子的关系正变得越来越疏远，这种情况很可能是他搬到地下室住所导致的。现在，你们只能在厨房冰箱周围才有碰头的机会。因为你正在减肥，他决定不再和你使用同一个卫生间，你们互相见面的机会越来越少。在这种情况下，你应当充分利用自然环境帮助你们达到经常社交的目的。也就是说，你应当考虑外部环境，帮助对方发现自然环境的影响。

与此类似，鼓励人们去发现那些妨碍其行动能力的各种官僚阻力，也是一种很有帮助的做法。随着时间的推移和长期的潜移默化，人们倾向于把各种规定、政策和制度视为既定事实，开始把它们当作行为戒律或自然法则。不久之后，这些高度束缚行动能力的条文和框架便成了一堵堵无形的高墙，把人们困在其中动弹不得。

因此，你必须拆除这些隐形的束缚，以一个无知无畏的局外人的角度来观察和解决问题。你应当经常问自己："为什么我们不能这么做？"如果某项政策已经失效，那就大胆将其废除。如果某个规定太束手束脚，那就要想办法解除这种约束。每当企业发布新的规定时，不用说也猜得到这是针对某人的错误行为做出的补救措施。但是长此以往，每个员工都会变得畏首畏尾，不敢做出选择或尝试新的方式。例如，"大伙注意，罗伯特昨天违反公司规定了，这下我们都要跟着倒霉了"。

我们想提醒大家注意的是，制度和规定并不能解决所有问题，企业员工一旦被它们所束缚就很难摆脱这种巨大的负面影响。

如果你真的想帮助人们发现潜在的能力障碍，那就大胆地批判文件工作吧，把那些表格、签字作为努力改变的目标。如果员工无法完成任务是因为需要七位主管的签字才能开始工作，那你就需要重新思考这种变态的签字制度是否还有保留的必要了。

例如，有一家公司就是通过修改管理制度的方式，最终实现了客服响应时间缩短一半的目标。作为一家高度强调客服工作的企业，这种业务不可能等七位领导在文件上签完字再开始。显然，这是一种非常自由化的理念：通常情况下，此类工作的批准过程只需要三位领导签字，其他四位领导只需尽到通知义务即可。三人签字批准后再通知四人，这种先斩后奏的做法显然是毫无先例的，让整个客服行业都受到震撼。

此外，你还要利用各种方式帮助人们更便捷地使用做出正确选择所需的各种信息。你必须确保他们有大量可用信息，确保正确的信息可以在正确的时间提供给正确的使用者。例如，如果是因为缺少相关数据而无法做出正确选择（如不同血糖值和可能出现的相应后果），你大可不必抱怨女儿没有按糖尿病疗法照顾自己。你可以责骂她，恳求她，或者是换一种更为有效的方法——向她展示各种相关的数据和表格。

还有一个办法可以帮助你发现所有的影响力因素。你可以这样问对方："如果让你来负责这件事，你该怎样解决这个问题？"让人们扮演老板的角色，从老板的角度去思考问题可以极大地解除能力障碍。摆脱狭隘的部门视野和局部影响之后，他们就可以积极寻找新的方式来消除各种企业制度造成的能力障碍了。

简而言之，分析潜在影响因素，多角度分析影响因素，坚持到底，直至消除每一个能力障碍，只有做到这一步你才算真正完成任务。

双管齐下

在结束关键冲突对话时有可能存在另外一种风险，即不管你如何努力寻找隐藏在能力问题背后的潜在原因，最后还是会出现未解决的问题，对方还是无法产生行为动机。这种情况是怎么出现的呢？我们发现，当你描述完问题，对方马上便找到能力障碍时，这种情况便会发生。人们之所以会轻松愉快地说出自己的能力问题，是因为这些情况不会对他们构成多大威胁。至于它们有互相冲突的任务级别，这一点并不重要。

我们想要表达的观点是，对方发现自己的能力障碍这件事并不能保证另外一个事实，即当能力障碍被消除后，他们一定愿意去做承诺完成的任务。因此，当你和对方找到并消除能力障碍后，你应当这样追问一句："如果我两点之前让你去做这项工作，你能在 5 点之前完成吗？还是有其他需要我知道的困难？"

提出这个问题的意图是，你准备用检查对方动机的方式来结束关于能力问题的讨论。当然，这个问题可能有两种结果，如果对方的回答是："你真的希望我这么做吗？这个工作可麻烦得很啊。"那你就需要向其解释错误行为的自然结果，直至对方愿意接受任务。在此过程中，对方也可能遇到一些能力障碍。当对方同意接受任务后，你可以提出新的问题检查他们是否存在行为问题："听上去你愿意这么做，不过你能顺利完成任务吗？有没有我们还没考虑到的方面？还是一切都已就绪，你能保证在周二上午 9 点完成任务？"

换句话说，如果你应对的是动机问题，结束时别忘了检查对方是否存在能力问题；反之，如果你应对的是能力问题，结束时别忘了检查对方是否具备行为动机。对于这两个方面，只需一个简单的问题即可了解对方的真实想法。

为寻找问题原因营造安全氛围

在结束关于能力问题的讨论时，我们来分析一个比较复杂的情况：你很想和对方一起寻找问题出现的根本原因，但是缺乏足够的行动权力，你该怎么办？

例如，你的老板答应过在销售高峰时刻帮你接待顾客，但是他每次都食言，那么你真的打算激励你的老板，让他遵守自己做出的承诺吗？这件事应该怎样解决呢？有一点是确定无疑的，即你很想找到问题的根本原因是什么。是因为他不喜欢应对怒气冲冲的顾客吗？是因为他觉得这样做有损自己的身份吗？是因为他有更重要的任务吗？是因为他忘记如何做客服工作了吗？

你并不清楚到底是为什么，你唯一的目标是和老板进行讨论，从中寻找造成这种行为的因素，然后决定是该消除问题还是被迫面对无法改变的事实。也就是说，你必须鼓励你的老板进行交流，鼓励他和你一起寻找出现这种错误行为的原因。

如果在这个问题上欠缺考虑，你的做法很可能得不偿失。

征求许可

我们在前面已经对此进行过说明。如果你不具备要求对方和你共同探讨问题原因的权力，必须首先征得对方的许可。如果你具备这种权力，不妨也征求对方的许可。例如，你可以这样说："既然我们都觉得这是个问题，是不是能花几分钟时间谈谈该怎么解决？我会尽力简化问题，以免这种情况再次发生。你看怎么样？"

了解反馈

或许，在征求对方同意讨论问题原因时，最优雅的方式莫过于询问对方自己是否让问题变得更复杂了。你主动承担起部分责任时，会创建很好的安全氛围，让对方勇于说出自己的问题。例如，你可以这样说："我的目标是要解决问题，我很想知道的是，是不是我的一些做法最终导致你面对这样的问题？"

主动表现

在讨论问题原因时人们通常会感到失去安全感，因为他们担心这种讨论会让他们看起来很懦弱或是很自私。如果他们缺乏行动能力，这肯定是一件很糟糕的事；如果他们有能力但缺乏行为动机，情况就会变得更糟。有鉴于此，你必须改变对方的这种观点。在引导对方寻找问题原因的谈话过程中，你的任务是让对方明白这样一点，即你把他们当作有价值的人，只不过在兑现承诺方面遇到了一些问题。因此，你要解决的不是他们的性格或品质问题，而是在就事论事地解决他们眼前遇到的问题。

在探寻问题原因的过程中，确保对方相信你不会对他们发火的最好办法是"主动表现"，即确保自己在情绪轻松愉快、没有主观臆断的前提下对可能的原因主动做出猜测。这样可以有效地营造安全氛围，帮助对方坦诚相告，从而激发对话双方之间信息的自由交换。主动表现的前提是，你的猜测必须以某种方式让对方确信，承认你描述的问题肯定不会引起你的不快，只有这种程度的安全感才能让他们畅所欲言。因此，你的措辞、肢体语言和语气语调都会对对方产生重要影响。例如，你不妨想想下面这句话该怎么说："这样对你来说是不是太难了？"

试试看，你可以用傲慢的语气说一说，然后用愤怒的语气说一说，体会分别是什么感觉。要想挑战表演天赋，你还可以试着用讽刺的语气说一说。最后，你应当尝试的是尊重对方的语气，把对方想象成你真心希望帮助的好友，看看这次的表达方式会有什么不同。

如果做得成功，主动表现可以立即让对方产生这样的感受，即你不会因为他们的坦诚相告而贬低或批评他们。简而言之，能否成功找到问题的根本原因，取决于你把交流对象视为和你一样正常的人，还是把他们看作十恶不赦的恶棍。只要你把对方看成正常的人，希望帮助他们解决问题，取得成功，大多数情况下都会很好地解决问题。

简化问题

我们已经成功地描述了对方的表现差异，现在开始倾听对方的陈述，以便判断错误行为的出现到底是动机问题还是能力问题所致。在本章中，我们探讨的是影响力模型的能力部分。当对方缺乏行动能力时，我们的任务是帮助他们简化问题。

- 在面对能力障碍时，你应当把不可能完成的任务变成可能，把令人讨厌的工作变得不那么讨厌。简而言之，当对方遇到能力障碍时，你必须学会简化问题。

- 共同寻找根本原因。注意不要急于提出自己的解决方案，你应当鼓励对方参与对话，共同分析问题出现的根本原因，共同寻找问题的解决方案。你必须询问对方的观点，牢记这样一个重要的问题："你觉得怎样才能解决这个问题？"

- 当对方无法确定所有的问题原因时，你必须和对方共同寻找潜在的影响力因素，其中包括个人、社会和结构三个方面。牢记影响力模型。必要的时候，你可以提出自己的看法，告诉对方可能有哪些潜在的障碍，以此推动共同探索过程。

- 找到问题原因，解决能力障碍之后，别忘了"双管齐下"。帮助对方获得行为能力之后，你必须检查他们是否具备完成任务所需的动机。换句话说，知道他们能够完成任务并不代表他们愿意完成任务。

下一步

下面我们要面对新的问题了。如果在关键冲突对话中出现新的问题怎么办？是该积极面对还是视而不见？怎样才能做到既专注又灵活地应对新问题？

第 6 章

灵活关注

如何应付对方的转移话题、愤怒咆哮和沉默对抗

我是一个坚守不变原则的人，我的第一条原则就
是随时保持灵活应变。

——参议员埃弗里特·德克森

到这里，我们已经介绍了如何应对关键冲突。应对关键冲突需要掌握一些重要原则和技巧，而不是采用一成不变的方式应对所有问题。换句话说，你必须利用这些原则和技巧，针对具体情况灵活应用，在展开对话的过程中设计出有效的解决方案。

要实现这种创造力，你必须表现出高度的灵活性。在描述完表现差异之后，我们必须分析其中潜在的原因。人们无法实现承诺是动机问题还是能力问题所致呢？如果无法找到

真正的原因，我们就会盲目指责对方，利用错误的主观臆断来考虑问题。例如，我们会恼怒地批评对方："这么重要的会议，你竟然迟到了整整半个小时！怎么？去参加你妈妈的葬礼了？"

瞧，这可多尴尬！

这还不是最糟的。实际上，我们不但要毫无准备地应付已经出现的问题，而且还必须灵活面对随时可能出现的新变故。正当我们和对方讨论问题 A 时，或许不知道突然会从哪里蹦出一个问题 B，让人感到疲于应付。

例如，你正在和同事讨论如何有效完成工作责任的问题，对方莫名其妙地勃然大怒；你正在和女儿谈偷懒不肯练琴的问题，对方却开始对你撒谎；你正在和员工讨论没有按时完成工作的问题，对方开始振振有词地反驳；你正在和失业在家的丈夫讨论找工作的问题，对方却向你大倒苦水；你正在询问沉默的会计为什么月报表还没做好，对方突然变得歇斯底里起来。显然，这些情况都为你带来了新的突发性问题。

我们必须表现出专注和灵活的态度

当新问题出现时，我们必须学会专注，不要轻易转移目标。我们不能让一点点风吹草动影响自己的视线。同样，我们也必须学会灵活，能够在必要的时候及时跳出当前问题，解决新出现的问题。

在应对关键冲突中，当全新的重要问题出现时，我们必须马上做出决定。我们应当暂时放下老问题（别忘了记录你的处理进度，以便回头继续解决）去面对新情况？还是应当对新的情况视若无睹，继续进行未完成的老问题？在进行决策时，我们会回到第1章讲过的内容，即哪些才是真正重要的对话。下面我们要说明的观点是，关键冲突有时会在你面前发生转换。

关于这个问题，要确定它是不是你的当务之急其实很容易。如果新出现的突发问题比老问题更加严重、紧迫，令对方情绪更加激动，或是对对方的影响更加重要，那你就必须马上加以处理了。显然，你不能让更重要的新状况受制于正在处理的老问题。

例如，你肯定不能忽视女儿撒谎这个新出现的大问题。和没有完成弹琴任务相比，撒谎显然是更严重、更恶劣的问题。同样，你无法忍受员工挑战上级权威的做法，如果你不马上加以处理，你的威信就会受到破坏。你也不可能对对方的无故发飙视若无睹，装作什么事都没有发生，这样只会让情况变得越来越糟。

当然，如果你决定转而解决刚出现的新问题，幸运的是我们在前面讲过的各种技巧在这里全都适用。当然，要解决新问题，你必须非常专注才行，不要转移目标或是漫无目的地从一个话题跳到另一个话题。在转移问题关注点时，你必须非常小心。简而言之，当新的突发问题出现时，你应当做到以下几点。

- 要灵活
  - 注意到新问题。
  - 选择正确的问题，是老问题、新问题，还是两者兼顾。
  - 解决新问题，然后回到老问题。
- 要专注
  - 一次只解决一个问题。
  - 有意识地选择处理新问题，不要等到无可奈何时被动解决问题。

四种突发问题及其解决方式

为了解如何解决这些问题，我们先来看看新问题的四种分类：缺乏安全感问题、缺乏信任感问题、情况完全不同的问题、情绪失控问题。每一类问题都需要你具备一些基本的应对技巧，但在处理时又各不相同，需要在不同的方面加以侧重。

缺乏安全问题

这是最常见的突发问题，我们在前面也进行过讨论。你们正在探讨违反承诺的行为问题，对方突然感到害怕，开始退缩或是表现出强烈的自我防御，这些反应都会让坦率的交流陷入停顿。恐惧感及其造成的沉默或暴力应对，都会带来突发问题。

如果你不愿跳出老问题的讨论，不愿重新建立安全氛围，恐怕你永远也无法解决正在处理的问题。于是，你开始行动，暂停刚才的话题，营造安全感，然后再回到刚才的话题。在这个案例中，你根本不用改变话题，因此也不用宣布准备这样做。你只要解决真正的问题即可，这个问题显然不是话题本身，而是对方因为讨论这个话题而产生顾虑这个事实。

为了重建安全氛围，你应当指出双方的共同目的，向对方保证你关注他们的顾虑。你应当使用对比法澄清对方的误解，如果必要还应当向对方道歉。总之，你必须恢复谈话的安全氛围，如果不这样做，就永远无法解决先前处理的问题。

例如，你正在和同事讨论对方没有帮你完成无聊任务的问题。她本来答应要帮你，但临时接了一个电话，然后就消失得无影无踪，直到你完成所有工作才回来。你说明了问题，试探性地讲出自己的看法。你想知道的是，她是不是故意离开，得知你完成工作才回来。没想到，这番话刺激了对方，她气呼呼地转过头去，用受伤的语调说："你是想说我不是你的朋友吗？想说我在利用你吗？你就是这样看我的吗？"

你马上做出反应，首先提出共同目标："我只是想找到一种方式，确保我们能一起完成不愿干的工作。我知道这种活儿你我都不喜欢。"然后，你利用对比法消除误会："我没说你不是我的朋友，你当然是我的朋友。我只是想谈谈工作这件事而已。"接下来，你向对方道歉："如果我的话让你感觉受到了伤害，我十分抱歉。我根本没有指责你的意思，只是想知道你怎么在我急需帮助的时候临时离开了。"

缺乏信任感问题

这种情况大概是最危险的新问题，是个人责任的第一杀手，也是大多数人无法安然面对关键冲突的主要原因。比如说，你正在问一个下属为什么答应参加电脑培训却无故缺席，他解释说本来是应该参加的，不过"遇到点儿情况"。

由于搞不清楚对方存在动机问题还是能力问题，你问对方到底是什么事情让他没有信守承诺。你在想，除非天上掉下流星把他的工位砸没了，否则绝不对他表示半点同情。你知道这家伙不喜欢电脑培训，但是工作中又必须用到这种技能，于是你不惜麻烦团队中的每一个人，专门腾出时间让他去学习。可现在，他居然用一句"遇到点儿情况"来应付你。

"负责管理薪酬的奥马尔需要找人替他到总部跑个腿，今天就我一个人是开车来的，其他人都是坐地铁来的，所以……"

"为奥马尔跑腿难道比参加培训还重要吗？"你问道。

"那当然！他可是管工资的。"

"好吧，工资是挺重要。可……"

在这段对话中，问题在于你的话题重心发生了转移，从培训任务变成了工资问题。实际上，工资问题并不重要，至少目前还不是最重要的。你们应当讨论的是关于信任的问题。对方答应你要做某事但又单方面反悔了，这是一种严重的违背信任的做法，是对你们之间关系的一种侮辱。为了掩饰这种违反承诺的行为，对方把你的注意力吸引到问题内容上

（即工资还是培训这个表象），而不是和你讨论关系问题。

这个问题严重吗？可以说，在企业中无论哪个问题（包括工资）都没有纠正不负责任这件事更为重要。这位员工没有实现自己的承诺，结果却什么都没有发生。实际上，是你的错误处理方式造成这样的结果，即在讨论中忽略了真正的问题——违反承诺的错误行为。

"遇到点儿情况"

毫无疑问，如果企业忙于面对各种"情况"而不去解决违反承诺这个最根本的问题，它们是很难获得长久的发展的。反过来说，像这样无法解决关键问题的企业，对工作者来说也有如梦魇。管理者随心所欲地分配任务，然后寄希望于对方有可能会完成工作，还有什么做法比这一幕更加离谱，更加摧毁信任感呢？或许，你喜欢这种方式，不愿老板每时每刻都盯着你工作，希望能获得更大的自由，但是另一方面又讨厌别人表现得目无纪律，难以预料工作结果。在此，我们只能祝愿那些忙于应对细枝末节的企业好自为之了。

与此类似，当家庭成员之间任由对方违反承诺，忽视由此产生的后果时，他们必然也会承受巨大的痛苦和折磨。在教育子女方面，无约束式责任是青少年犯罪和缺乏安全感的重要原因。如果任由家庭成员随意选择想要承担的责任，生活就会变成自选餐厅，谁都可以对责任问题挑三拣四，这样

只会把人们折磨疯。

专注和灵活的交叉点

当然，我们也必须面对现实，各种琐事的确会不断涌现。在当今喧嚣复杂的环境中，变化是无时无处不在的。当新的信息大量出现时，如果你无法进行中途修正，你的企业将会必死无疑。因此，你必须既专注又灵活，直而不僵，弯而不折。

怎样才能做到既专注又灵活呢？其实很简单，在所有涉及个人责任的场合中，你只需牢记这样一句话即可："如果有任何新情况发生，记住要在第一时间通知我。"

这句话很好地反映了专注和灵活的结合。它虽然并不长，但完美地把两种看似矛盾的因素统一到了一起，即观察责任的两个相反角度。当然，你可以根据具体情况，在不改变意思的基础上对这句话进行适当的修改。例如，"我希望你能遵守承诺，不要单方面违背；希望你能专注于工作本身，坚持完成任务。当然，与此同时我也注意到环境是不断变化的，新的情况会不断出现，其中有很多障碍会影响你做出的工作承诺。如果有这种情况发生，尽可能在第一时间通知我，这样可以避免重大意外，有利于我们一起寻找问题解决方案。"

有些时候，新出现的情况会影响对方的行为动机。例如，你的儿子正在去学校的路上，准备参加放学后的代数课补考，途中被他的叔叔拦了下来，要带他一起去看电影。这位叔叔离婚后一直孑然一身，你的儿子觉得应该陪他一起去看电影，于是打算临时改变计划。但是，他必须先和你讨论才能决定。

你们要讨论的问题是，孩子的叔叔真正需要的是家人的情感支持还是你儿子的成绩提高。或者，你们也有可能想到一举两得的办法。

还有些时候，新出现的情况会影响对方的行为能力。例如，办公室的空调系统出了故障，生产部经理觉得应该让大家早点回家，虽然她已经答应过要按时完成任务。这个解决方案或许是正确的，但她应当先和主要的利益相关方（本案例中即她的老板）讨论，看看这样做到底是否合适。或许，基于对项目交付时间以及延误成本的考虑，让员工继续加班，同时请人马上修好空调才是更有利于公司的决定。只要牢记"出现情况时第一时间通知我"这条原则，我们就能灵活应对随时发生的问题，迅速和当事人进行沟通。在现代科技的协助下，随时随地和对方展开对话可以让我们马上实现这一目标。有了电子邮件、语音邮件和手机等工具，再麻烦的情况也可以在转瞬间沟通清楚。换个更形象的说法，如今在美国的你要了解远在地球另一端的中国的情况，只需在网上点几下鼠标即可，不知比马可波罗要快出多少倍。

关键冲突的基础

我们回头再看看刚才的案例，就是那个没去参加电脑培训，对老板说"遇到点儿情况"的员工。我们该怎样面对这样的员工呢？毫无疑问，我们应对违反承诺行为的方式，取决于我们自己对责任持有怎样的看法。如果在我们的企业中，工作责任只不过是粗略的指导，很可能带来意外结果或经常朝令夕改，那我们肯定会尝到自己酿下的苦果。对此，我们又能多说什么呢？实际上，绝大多数企业（同样也包括家庭）都会遭遇这样的经历：

$$结果 = 毫无结果 + 完美的借口$$

在缺乏责任感的企业中，人们的观点往往错得离谱，认为只要能编出好借口就会取得成功。在这种思维方式的影响下，只要有看似合理的借口，即使失败也是成功。当然，说起这样的借口我们都不陌生——"遇到点儿情况"，这句话简直成了应付一切问题的万金油。有了它，我们就可以心安理得地逃避责任，我们的朋友、家人和同事都会为此对我们网开一面，不再追究。

但是只有你最清楚。你知道关键冲突对话解决的正是违反承诺的问题，如果你不信守承诺，其他的事情就更不重要了。你还知道事情总是千变万化的，如果出现变化，必须尽快和对方讨论才行。

因此，在和你的团队进行第一次合作之前，你应当详细说明这个问题的重要性，道出这句至关重要的话："如果有情况出现，记住要在第一时间通知我。"

这句话可以在充满未知因素的工作中为我们带来相对的可预见性，它高度强调了灵活性和可预见性相互结合的重要意义，这两点正是组成信任感的坚实基础。回到刚才的案例中，面对那位未能参加电脑培训的员工，你应当在结束讨论时重申自己的立场。你可以这样对他说："对了，如果有什么情况发生，记得要马上通知我。"这样，对方就没办法再找借口了。

对于因财务部一个电话，马上忘掉自己的承诺转而去做其他事情的员工，你该怎么面对呢？在这种情况下，正确的关键冲突对话是什么？问题的核心并不在于他没有参加培训课程（这个只是问题之一，并非根本问题），而在于他知道这种行为会改变原来的计划，但还是这样去做了。他的错误不但在于擅自做主，而且在于目无领导，没有及时向你通报情况。换句话说，他把你彻底晾到了一边，自己拿主意了。这显然是一个信任问题。

因此，如果你跟对方讨论的是培训问题而不是信任问题，这种做法根本不会解决根本问题，最终你只会失望地结束谈话，对对方的信任度大大降低。可是，此时的你甚至都没有意识到，你们讨论的完全就是错误的问题。当然，如果你们讨论的是违背信任的问题，这种错误行为的结果一定非常严重，你并不清楚对方是否从此会遵守自己的承诺。也就是说，对方行为的可预见性会大大降低。你当然可以密切监督对方的表现，可以更频繁地做后期跟踪。但你肯定不想这样做，对方也肯定不喜欢你这样做。这就是你要面对的新问题，以及随之而来的后果。

建立信任基础

要想为关键冲突对话建立牢固的信任基础，你应当学会紧抓核心问题，为对方设定明确的期望，同时学会灵活应对问题。讨论结束时要补充一句："如果有情况出现，记住要在第一时间通知我。"如果你面对的是喜欢用"遇到点儿情况"来逃避责任的人，你必须视其为新的违背信任感的突发问题。这种问题必须立即解决，不能有任何拖延。

情况完全不同的问题

我们再来看另一种突发问题。你们正在讨论违反承诺的行为问题，对方不但一堆借口，甚至犯下了比先前更严重的错误。

例如，你是团队中唯一的女性成员，有位同事总是想方设法逃避大家都不愿意做的工作，为此你正和他进行讨论。你们答应过对方，所有工作要一起分担。整个小组有四个人，他在困难任务上付出的工作时间只有10%左右，而别人都在累死累活地拼命干。

根据你得出的结论，你决定和他讨论这种故意偷懒的行为。你首先陈述观察到的事实，然后试探性地告诉对方你和其他同事得出的结论。整个过程还挺顺利，这时对方回答道："谢谢你提出这个问题，我知道，女人不希望我这样的男人超越她们。实际上，我挺喜欢强势的女人。"

你继续和对方讨论解决问题的办法，希望能说服对方承担起应负的工作责任。这时，他又来了一句："强势的女人挺合我的胃口。"

说完，他俯身朝你靠过来，还抛来一个充满挑逗的眼神。你觉得很不自在，对于"胃口"这个词的衍生含义更是无比反感。于是，你将错就错地告诉对方自己没有半点儿"胃口"，希望能用这种幽默的方式化解尴尬。

没想到对方却开始得寸进尺："哦？你的'胃口'是指食欲还是……"

面对这种胡搅蛮缠，你决定暂时放下关于工作问题的讨论，解决当前出现的新状况。对方的举止非常不当，让你感到十分厌恶。实际上，这种行为已经有些性骚扰的感觉了。这就是你要讨论的问题，具体的行为包括性暗示、俯身靠近和抛媚眼等。

为了解决这个棘手问题，你应当明确地转变话题。转变话题没有关系，要注意的是你必须说明你准备做什么。另外，别忘了记录刚才的问题讨论到了什么地步，这样可以便于回头继续讨论。如果不这样做，你很可能误入歧途，有时甚至会完全忘记之前的话题。

"呃……我觉得咱们应该谈谈刚才发生的事。"

这句话表明，你开始转变话题了。接下来你必须充分利用所学的各种技巧，选择你要讨论的正确问题，控制自己的愤怒情绪，千万不要喊出"去死吧"之类的话。现在的情况是，对方觉得这种调情是一个很聪明的做法，可以让你方寸大乱。你必须客观冷静地分析问题，不要冲动和感情用事，描述对方的具体行为，把关于内容的对话升级为关于人际关系的对话（即其无礼行为对你们的关系造成的损害）。

"你刚才提到了哪种女人合你的'胃口'，还俯身靠近我，让我感到很不自在。你的眼睛直盯着我的身体看，我想知道这到底是怎么回事？"

　　这一招非常奏效，长期以来对方总是用这种方式逃避问题，从来没有人敢当面提起过，没想到让你直接给戳穿了。这位同事马上忙不迭地道歉，表示这种行为不会再出现。

　　在结束关于这起突发事件的讨论时，你又补充了一句，让对方做出明确承诺："就是说，以后你肯定不会再这样，而是会以工作关系面对我了，是吗？"

　　对方马上点头称是。

　　瞧，这个问题很轻松地就化解掉了。既不用分析结果，也不用讨论潜在的能力障碍。对方道歉："对不起，我太没教养了，在社交方面是个小白。"于是，你的目的便达到了。

　　现在，你还要面对一个问题：是否回到先前讨论的问题？毕竟，刚才的问题只讨论了一半，还没有解决，对此你必须马上做出决定。有时候，在刚刚处理完一个棘手情况之后，你会决定另选一个时机讨论先前没有解决的问题，因为一次性讨论两个不同的问题会让对方产生很多压力。此外，在本案例中，对方此时肯定迫不及待地想要离开，以便为自己挽留一些脸面，又怎么会有心情和你继续讨论工作问题呢？因此，我们认为，如果突发问题得到解决之后你和对方之间仍有足够的安全氛围，那就继续讨论先前未完成的话题。

　　在应对关键冲突中，这些步骤可以用来解决任何新出现的突发问题。跳出老问题，宣布改变话题，面对新问题，找到令人满意的解决方案，然后决定是否回到老问题继续讨论。

例如，你在和 7 岁的女儿讨论没有练琴的问题。她答应了要练琴但并没有做到，反而撒谎说已经练过琴了。实际上，在她说的那个时间，你就坐在钢琴旁边叠衣服，因此知道她在撒谎。你说出实情之后，向她反问道："既然你当时不在，你是怎么练琴的？"由于谎言败露，女儿哭了起来。现在，你要面对的是全新的问题了。

"我没练琴是因为不喜欢每天下午 4 点弹琴，4 点钟是和朋友们玩的时候，我想和他们一起玩儿。"女儿回答道。

现在你知道她为什么没练琴了，不过这个问题已经不是你想讨论的核心了。女儿当面撒谎，这才是大问题，是一个涉及你们之间关系的问题。当然，她想讨论的是练琴时间不对的问题（内容问题），因为这样可以解决她的问题。而且，抓住这点不放可以转移你的目标，从而忽略更重要的撒谎问题。因此，在交谈中你必须确保自己面对的是正确的问题。

"我想和你谈谈刚才的事。"

"什么事？"

"我问你有没有练琴时，你说练过了，可是你并没有练。"

"那是因为每个人都在巷子里玩球，我也想和他们一起玩儿。"

"我想谈的不是练琴时间的问题，这个我们回头再谈（暂停老话题）。我想说的是你对我撒谎的问题（提出新话题）。"

然后，你和女儿谈起了撒谎的问题。她表示以后不会再这样做，但你担心她并不完全明白撒谎这件事的严重后果，于是决定进一步解释，说明不遵守承诺会造成哪些问题。你把这次交谈作为很好的学习机会，向女儿解释了撒谎的自然结果。问题真正得到解决之后，女儿向你道歉。然后，她想和你讨论关于练琴时间的问题，你决定一小时之后再解决这个问题。

跳出老问题，宣布改变话题，面对新问题，找到令人满意的解决方案，然后决定是否回到老问题继续讨论，这就是应对突发性新问题的具体步骤。当然，这些步骤只能用于发现和决定应对新问题。诚然，在面对棘手老问题的过程中还必须腾出精力对付新问题，这种情况肯定让人感到头疼。但人们的互动过程就是这样的，新的问题随时都会突然发生，因此你必须学会面对这个现实。

有时候，在短短几分钟内，你会经历三种不同的突发问题，并且必须从中选择一个加以解决。例如，你正在和失业在家不愿花时间找工作的丈夫交谈。你累死累活地工作，一个人挣钱两个人花，可他却优哉游哉地在家里待着上网。对于失业问题，你的观点一向是必须不停努力，直到找到新的工作为止。为此，你决定和对方展开关键责任对话。

对于你的问题，丈夫的回答是这并不是他的错，而是经济不景气造成的。然后，他开始玩心理游戏，说自己心情如何不好，工作都被外包员工抢去了，你应当对他多表示同情。

你的丈夫第一次被解雇时也是不努力找工作，为此你们一起制订了一个计划帮助他寻找新的工作机会，计划包括每天花八个小时找工作，发简历，填表格等。但是，他并没有做到，这就是你想和对方讨论的问题。与此相反，你的丈夫想讨论的是其他问题，而不是违反承诺的问题。现在，你又要老调重弹，和他讨论找工作的事情，这也正是你观察到的表现差异。但是，对方却抱怨你唠叨，让你别烦他。

现在，你将要解决几个不同的问题，我们可以用第 1 章的 CPR 思维法从中选出正确的问题。第一，你要讨论内容问题。他是否想找工作，这是最初出现的问题，也是你非常关注的问题。正因为这个问题对你来说非常重要，因此你不会轻易转移目标。第二，你要讨论模式问题。这已经是你第三次和丈夫讨论相同的问题了。第三，你要讨论关系问题。你的丈夫希望获得同情而不是和你讨论违反承诺的问题，这种做法是在利用你的情绪。他在试图转移你的视线，这让人感到很虚伪。此外，他还指责你唠叨，企图通过这种方式逃避问题，让你觉得很粗鲁。

为帮助你利用 CPR 思维法找出需要面对的正确问题，你可以利用第 1 章中我们提到的问题——我的真正目标是什么？这个问题可以帮助你做出正确的选择。

情绪失控问题

下面，我们来看最后一种突发性问题——情绪失控。在讨论问题的过程中，对方一直保持沉默或是暴力应对，然后情绪开始变得失控。这样的人不但表达观点的方式过于极端，而且很容易陷入愤怒狂暴状态。这时你该怎么办？除非对方冷静下来，否则你根本没办法用正常的方式营造安全氛围。我们来看一个例子。

歇斯底里的员工

你是一家小公司的经理，公司主要经营从中东进口各种园艺器具的业务。卡尔是公司的会计，是个人高马大、暴脾气的家伙。这一天，你发现昨天要求他完成的月报没有完成。于是，你来到卡尔的办公室，想和对方谈谈这个问题。

为了尽可能缓和语气，你是这样描述问题的："卡尔，今天早上我没看到那份月报，是不是你的工作遇到了什么问题？"卡尔的解释是以为这份报表并不重要，另外，他还表示不喜欢做此类工作。面对这种反应，你并没有摆出官架子威逼对方，而是解释了这样做可能造成的不利后果。卡尔说马上会去做，这件事没什么大不了。

你当然希望整个过程是这样的，你的表现非常专业，付出的努力也得到了回报。但是，有时候情况的发展并不像你一厢情愿的想象，而是会出现例外。例如，尽管你详细描述了问题，但遗憾的是卡尔并没有读过本书。虽然你的表现一如既往地专业，但对方可能勃然大怒，回敬道："我可是公司最好的员工，误了一次事你就这么针对我，少烦我！"

然后，他抓起一把小铲子（作为销售样品的园艺器具），愤怒地朝文件柜砸去。这时，你该怎么办呢？

正确理解愤怒情绪

要应对高度情绪化的人（包括愤怒、受挫、恐惧、悲痛等），我们必须了解各种感受是如何形成的。为此，我们有必要回顾前面提过的人类行为模式。

所见所闻 〉 主观臆断 〉 形成感受 〉 展开行动

从这个模型中我们可以看出，情绪并不是无端出现的，它是我们自己营造的。某人违反了承诺，我们看在眼中，然后在大脑中编织一个情节，这个情节会导致我们产生相应的情绪。

要想形成强烈的情绪，我们必须编织一个带有强烈价值观的情节。例如，某个同事故意让你失望，那她就是不尊重你。你的老板让你反复检查工作，那是因为他不信任你。同事乔丹得到晋升，那是因为选拔制度不公平。你的女儿开车太快，那是因为她不在乎你的安全。这些全都是非常重要的价值观，因此你会感到非常恼火。毫无疑问，遇到这种情况时你的肾上腺又开始活跃了，在强烈情绪的蒙蔽下，你开始失去理智。

换句话说，当有人践踏我们最重视的价值观时，我们马上会变得非常愤怒。

要想解决这种情绪问题，你必须从主观臆断这个部分下手。你应当找到一种新的情节构思方式，产生不同的感受，做出不同的行为。但是，对于别人的情绪失控，你又该如何面对呢？你会怎样影响对方的主观臆断呢？

以卡尔为例，你不过问了一个很简单的问题，对方却狂怒不已。他这样做显然有特别的原因，不会像表面看起来那么简单。尽管你用非常专业的方式描述问题，和对方展开讨论，但他的表现却与你的期望大相径庭。他提高嗓门，让你少烦他，还抓起铲子砸向文件柜。虽然你并不完全清楚该怎么做，但这个举动肯定不是什么好兆头。

实际上，你还是有一些可以努力的方向的。首先，卡尔并没有回答你一开始提出的问题，你是在他自我争论的过程中加入进来的。其次，卡尔的状态不对，没有处于冷静理性讨论问题的状态中。他已经被肾上腺素所影响。最后，要想淡化对方的愤怒感，你必须了解卡尔大脑中构思的情节。臆造这种情节的人是他不是你。

应对愤怒情绪

第一步，确保个人安全。

幸运的是，卡尔的表现还算文明，没有像原始人一样对你痛下杀手。他抑制住了千万年来延续下来的攻击性遗传基因。不过，他也的确动粗了，用一把铲子砸向了无辜的文件柜。你觉得卡尔只是在作秀，并不是真的失去了控制。你并不觉得自己已经陷入危险。

其实，这一点正是需要你探查清楚的问题。当人们愤怒时，他们很有可能表现出暴力行为。情绪上的愤怒已经是越轨之举，谁知道他们会不会变本加厉呢？幸运的是，大部分老板都不会在工作中遭遇如此危险的情况，或者说至少不会遭遇来自员工的此类威胁。大部分情况下，人们陷入沉默的可能性要远远大于出现暴力行为。他们会向家人发牢骚，会私下蔑视你，会冷嘲热讽，但不会歇斯底里地发作。

尽管如此，还是有一些例外情况的。因此，你必须判断交谈氛围有多危险。如果忽略了这一点，对于一个手拿拆信刀追着你乱跑的"疯子"来说，你有再高超的聆听技巧、再出色的愤怒缓解手段也无济于事。

注意，千万别逼英雄。如果你觉得自己身陷危机，最好马上转身离开。你要做的是三十六计走为上计，而不是跟对方叫板。离开之后，呼叫相关人员来处理局面。在大多数企业中，这类情况通常由保安部或人力资源部出面解决。你应该让你的老板了解事情的来龙去脉，千万不要把自己陷于危险境地。

第二步，驱散愤怒情绪。

如果你面对的情况并不危险，你应当直接讨论对方的情绪问题，而不是先前关注的话题。如果对方在讨论问题时服用了某种刺激性药物，你肯定不想在对方神志模糊的情况下讨论什么工作问题，因此要先解决对方的药物问题。如果你认为能和这样的人进行理智的讨论，那可真是滑天下之大稽。

和兴奋剂一样，愤怒也能让人产生类似的夸张和异常的行为反应。当然，这种"药物"是可以合法获得的，它们会让你的身体出现强烈反应，却无法进行理智的交谈。因此，除非先解决对方的情绪问题，否则你是不可能和他们讨论任何实际问题的。因为他们根本不愿意听你说话，也不会清晰冷静地表达自己的看法，这一切只有在药效消失之后才会改变。在此之前，你的任何观点对他们都不起作用，你的任何建议都会被视为侵犯行为。因此，你必须抑制和对方讨论问题的冲突，当务之急是要驱散这种极端的负面情绪。

那么，你该怎么做呢？怎样才能浇灭对方心中由于主观臆断而燃起的熊熊怒火呢？

常见的错误做法。要面对面地应对愤怒情绪是非常困难的，几乎没人能做到。我们来看看应对愤怒情绪常见的错误做法。

（1）意气用事。除了个人的自然倾向不同等因素之外，我们大多数人面对愤怒时的反应都差不多，都会"上钩"，表现出和对方相同的愤怒感，让自己成为和对方一样的怪物。有人也许会问，这样做有什么不对吗，难道还能期望我们有别的反应不成？当对方感到他们的核心价值受到践踏时，他们会非常愤怒，当着我们的面发作。但这种做法反过来又违反了我们的核心价值，导致我们和对方一样怒火中烧。

（2）轻视对方。当对方发火时，很难想象会有人以漠不关心和幸灾乐祸的态度应对，但这种情况的确存在。

一位员工怒气冲冲地说："有没有搞错！财务部又把我的工资算错了，这已经是第三次了！"

上司回了一句："很奇怪吗？当年我做你的工作时，要穿过六个街区去领工资。有一次连着两个月都没拿到一分钱，而且还是在圣诞节之前！你这点儿小事算啥！"

当对方感到愤怒时，他们首先希望的是找人说理，然后解决问题，而不是听你抱怨。他们并不想知道你经历过哪些更加令人气愤的状况。

（3）摆谱。当对方表现出愤怒情绪时，自命不凡并不会帮助你解决问题。例如，一位下属大步走进你的办公室，气恼地说："刚才在会上是怎么回事？拉里居然当着那么多人的面羞辱我！"

你不慌不忙地答道："嘿，嘿，别耍孩子脾气。要想跟我好好谈，那就表现得成熟点儿！"或是这样对他说："我看你现在有点失控了，这儿有两美元，去门口买杯咖啡消消气，等气顺了回来再说。"

让对方冷静或是表现成熟，这种做法只会火上浇油，让他们感到更加愤怒。他们本来已经为价值观被践踏而感到气愤，你自命不凡的评论只会让他们感到更加耻辱，因为你的口气听起来就像是在可怜对方，让他们感觉你比他们更优越。更糟的是，你表现得像是他们的知己，在为他们提供实用建议，而对方必须要领情一样。

第三步，了解对方的行为模式。

为了解如何正确应对对方的强烈情绪，我们必须重新检视自己的行为模式。

努力了解更多内情。当对方变得高度情绪化时，我们只会看到他们的行为模式带来的结果。实际上，我们所能看到的只是对方的行为或行动。至于其行为模式中的其他环节，如感受、主观臆断和个人观察等，都是存在于对方内心的，是我们无法观察到的。

追本溯源

正因为我们看不到对方思维意识中的各种细节，因此探索他们的真实想法和感受对我们来说非常重要。当然，要做到这一点必须具备一定的技巧。我们已经看到了对方的行为，现在必须沿着他们的行为模式顺藤摸瓜，找到引发这种行为的根本原因。换句话说，我们必须透过情绪失控这个表象，理解对方的感受、对方虚构的情节，直至搞清楚对方最初观察到的现象。只有在这个过程中，我们才能找到他们情绪失控的原因以及问题的解决方法。

利用四种技巧强化倾听能力。接下来，我们必须想办法了解对方为什么会变得情绪化。与此同时，我们还必须让对方清楚我们了解问题的真正原因。对此，我们有四种有效的技巧。这些技巧可以帮助我们回顾事实，强化我们"顺藤摸瓜"解决问题的能力。

利用这些技巧的好处在于，它们能让我们诱导对话进行，寻找差异点，解释对方看法以及先发制人，最终让对方顺利开口，维持对话的继续进行。

（1）诱导对话进行。有时候，对方在表达强烈情绪时会一言不发。从表情上你能看出他们非常受挫、非常烦躁或非常愤怒，但他们就是不肯说明问题。例如，你的儿子刚从学校回来，砰的一声把门撞开，狠狠地把书包摔到餐桌上，满脸气恼的神情，但是一句话也不说。你开始试探性地问道：

"怎么啦这是？"

他回答得很干脆："没事！"

你想和他聊聊，继续道："一看就不对劲，跟我说说吧。"

"不想说。"

或许，他是真的不想说。或许，他想说但缺乏勇气，需要一点儿鼓励。他想知道你是否关心这件事，如果关心的话肯定会追问下去。无论是哪种情况，它们表现出的信号都是一样的——"我不想谈（这件事）"。

你坚持不懈地问道："我真的很想知道，我保证只听不说，有时候有人倾诉也会解决问题的。"

"嗯……那好吧，今天早上上自然课前……"

（2）寻找差异点。和高度情绪化的人进行沟通时，或许光听不说还不够，你还需要更有效的激励手段——寻找差异点。

比方说，汤姆是你的一位下属，今天开会时阴沉着脸一言不发，看上去非常泄气。平日里的汤姆并不这样，不但总是心情愉快，而且到哪里都是个话匣子。会议结束时，会议室里只剩下你们两个人，你不失时机地问道："汤姆，你没事吧？"

谁都能看出，汤姆有些懊恼，还有点儿神情尴尬。过去一年中，他的体重增加了 30 磅$^{\ominus}$，大家都开始叫他"肥仔"。今天开会的时候，你一上来就夸"肥仔"最近工作表现不错。

$\ominus$　1 磅 ≈ 0.45 千克。

没想到的是，这番无心之语伤害了汤姆。但是，当你问起他时，他却不好意思把问题挑明。再怎么说，你是公司老板，因为这种事和老板生气说出来挺丢人。所以，他的回答是："呃……那个……我……咳咳……没事。"

可是，嘴上说的是一套，你看得出他的语调和体态并不像没事的样子，完全是在掩饰内心。为了鼓励他道出实情，你决定寻找对方的差异表现，即指出汤姆的话语和神情之间的不同之处。

"是吗？可是我怎么觉得不像没事啊？你嘴上说没事，但看起来怎么说呢，好像有点儿闷闷不乐，有点儿情绪低落啊。你真的没事吗？"

显然，你这样做的目的是要为汤姆开口铺垫安全氛围。通过寻找差异点，你可以暗示对方你很关心对方的感受，觉察到了对方言行不一的状况。毫无疑问，你是在鼓励对方坦率说出内心的想法，而不是在强迫他们回答问题。

（3）解释对方看法。有时候，在你毫无防备的情况下，对方会突然对你发作。例如，某个员工气呼呼地走进你的办公室，一股脑地把问题的前因后果倒了出来："气死我了，你怎么能这么折腾人啊！昨天我又接到你要求检查工作的通知，你有必要时时刻刻都监督我吗？我又不是三岁小孩需要人看着做事！"

这番话道出了她的感受（气愤）、她的看法（你不信任我，处处控制我，违反了我的核心价值）以及形成感受的事实基础（你这次发出的通知或是过去经常通知她检查工作进度的事实）。

既然对方提供了这么多信息，你最好确认一下他们的观点，看看自己有没有理解错误，这就是解释对方看法的技巧。你要做的是用自己的表达说明对方刚刚陈述的指责，注意千万不要重复对方的话。重复对方的话不但让人十分恼火，而且听起来很不真诚。其实，你只需努力推测对方想要表达的真正问题即可。

"你生气是因为觉得我刁难你，是吗？觉得我吹毛求疵，不停给你发通知，是这样吗？"

解释对方看法有两个重要作用：第一，它表明你认真倾听了对方的话，并对他们提出的问题表示关注，这一点足以让对方恢复冷静，重新进入理性的问题讨论；第二，它能帮助你分析希望实现的真正目标是什么。

对方回答道："不，我说的不是通知这件事本身，而是你给我的通知比给别人的多得多，这让我受不了。你是不是觉得我是这里能力最差的员工啊？"

瞧，这下你终于知道要面对的问题是什么了，原来她是觉得不公平，觉得你对她不够尊重（不同的核心价值观）。

"你是不是觉得我给你发的通知比别人多，因此认为我对你不够尊重？"

"没错，昨天你跟凯恩谈完之后直接让他走了，也没交代要检查工作，可是对我就……"

（4）先发制人。有时候，你必须鼓励对方开诚布公地进行交流。因为对方往往认为坦率说出内心的想法是个很糟糕的举动，这样做很有可能让他们陷入麻烦。

如果你对话也诱导了，差异点也寻找了，可对方还是非常情绪化，仍然三缄其口，你该怎么办呢？我们的最后一招是直接了解对方虚构的情节，即先发制人。具体做法是，我们会在对话中添加一些内容（就像往水泵里注水以保证其运转一样），希望对方也能做出同样的举动。在添加内容时，我们应当根据对方的思路进行揣测。

"你生气是因为我做了什么不公平的事情吗？我提升了玛姬而没有提升你，是不是你觉得自己更有资格升职，或是觉得我没有做出正确的选择，是这样吗？"

这种技巧的另一个重要之处在于你猜测对方看法的方式。你要做的是营造安全的讨论氛围，让对方毫无顾虑地说出内心的真实想法。这就意味着，你应当用这样的方式来猜测对方的看法："别担心，我对这次讨论毫无保留，绝不会自我防御或是表现愤怒。"当然，要做到这一点，你必须冷静客观地陈述观点，不得带有任何主观情绪。

第四步，开始行动。

当面讨论对方的行为模式有助于我们冷静地面对对方的情绪化问题。如果我们愿意摒弃讥讽、压制或攻击对方的态度，以真诚开放的心态和对方进行沟通，他们就很有可能恢复平静，耐心地和我们进行有效对话。了解对方的观点和行为之后，我们就可以解决问题了。值得注意的是，我们不能为了倾听去倾听。我们要了解的是如何开展关键冲突对话，这种积极倾听在这里具有双重意义，它不但是一种智力练习，更是一种帮我们实现特定目的的方式。

设置安全调节阀。在结束本章内容之前，我们来看最后一个问题。你找到自己的上司，和他讨论他造成的一个问题，对方的态度马上变得咄咄逼人。你也开始怒火中烧，你只是希望对方帮助自己解决问题，而不是挨上司一顿臭骂。尽管你努力压制内心的怒火，维持摇摇欲坠的"每月最佳员工"形象，你的上司还是抓住你的强硬口气大做文章，指责你"以下犯上"。

他的指责让你觉得非常虚伪，因为这位上司说话的语气一直都非常傲慢无礼，而且还绵里藏针，总是带着似有似无的冷嘲热讽，让你觉得此人是个彻头彻尾的伪君子。这下你不知道该何去何从了，用伍迪·艾伦（Woody Allen）的话来说就是，一条路通往的是绝望无助，另一条通往的是彻底毁灭。你只能暗自祈祷，祈祷自己能做出明智的选择。

其实，你还有第三个选择，即暂时撤退，给自己赢得回旋的余地和时间。或者说，给自己争取一些战略延迟。例如，你可以这样应对如下。

"这样吧，我需要深入了解情况，我们回头再谈这个问题。"

说完之后，你就可以马上离开这个是非之地了。记住，这不是逃避问题，而是战略延迟；这不是沉默应对，而是找机会卷土重来。回到自己的办公室之后，你可以在安全的空间内深呼吸，恢复冷静，重新思考更好的应对策略，然后换个时间再找对方谈论问题。

如果你的情绪没有失控，但一时之间找不到合适的表达继续讨论，也可以采用战略延迟手段。找个安静的空间，想想怎么说才会更私密、更安全、更准确，有了新的方案之后再去面对对方。

最后，如果你的情绪尚未失控，但感觉到自己马上就要发脾气了，也可以采用战略延迟手段。还记得长辈们的老话吗？新婚前夜千万不要带着愤怒上床睡觉，其实这是一个错误的观点。当人们在愤怒的时候，上床睡觉是驱散肾上腺素的最好方式，它能让你恢复理智，做好面对关键冲突的准备。

灵活关注

在本章中，我们探讨了如何保持灵活关注。如果恐惧感是突发性问题，你应当跳出老问题，营造安全氛围。如果情况允许的话，解决完突发问题之后再回头处理老问题。如果出现新的状况或突发问题，你应当选择问题的目的和意义。如果你决定应对新问题，必须按照模型中的流程行动。为保证自己不会被转移注意力，你应当重新回到先前讨论的老问题上。

- 当新问题出现时，既要保持足够的灵活度处理问题，又要保持足够的专注，以免被转移视线，忽略了先前讨论的问题。每次解决新问题时，记住这是一种选择行为而非随机行为。也就是说，是否应对新出现的问题，这是你选择的结果，而非毫无目的的行为。

- 当对方感到不安全时，你应当跳出对话，营造安全氛围，然后回来继续解决问题。

- 当对方违反承诺的原因是语焉不详的"遇到点儿情况"时，其必须马上解决。你必须明确告诉对方，当出现新的情况时应在第一时间通知你。

- 在遇到严重的突发问题而跳出关于老问题的对话时，注意做记录，以便你回头继续，然后就可以进入新问题的讨论了。解决新问题之后，你可以根据记录继续解决老问题。

- 当对方变得情绪化时，你应当根据行为模式分析他们出现负面情绪的原因。和对方讨论事件经过有利于驱散负面情绪，帮助你找到解决问题的途径。

下一步

现在，你已经解决了突发问题，而且回过头来处理了老问题，接下来该怎样保证顺利收尾呢？为避免虎头蛇尾和毫无反馈等情况，你该怎样做才能保证所做的前期努力会转化成对方的积极行动呢？关于这些问题，我们将在下一章说明。

第三部分

展开行动

解决关键冲突之后的行为

你已经和对方讨论了影响行为表现的违背承诺问题，这可能是动机问题、能力问题或是两者兼而有之，而且你对如何解决问题形成了一些看法。现在，你可以把这些看法转化成行动了。

为保证问题不会重新出现，在完成对话之后，关键冲突问题解决高手通常是如下这样做的。

- 他们善于进行责任管理，创建完整的方案。他们会明确指出下一步行动计划，为对方积极承担责任奠定基础。该计划的内容包括何时由何人完成检查工作（见第 7 章）。

- 他们会把所有的理论和技巧整合成完整的关键冲突对话。他们会在脑中形成一个模型，应用这个模型解决各种棘手的人际冲突问题（见第 8 章）。

- 在总结部分，我们会举一些具体案例，看看如何应用这些原则和技巧解决常见的和复杂的问题（见第 9 章）。

———

CRUCIAL
ACCOUNTABILITY

制订计划

如何让对方做出承诺并付诸行动

该坚决时莫犹豫。

——克雷蒙汀·佩德弗特

到现在为止，你已经完成了很多工作。你发现了违反承诺的问题，决定采用对话方式解决这个问题；你理智地分析整个事件的来龙去脉，小心地应对其中最关键的部分；你努力了解对方的错误行为是动机问题还是能力问题所致；在此过程中，你还解决了突发的新问题，然后又回头继续解决老问题；你和对方一起找到了理想的问题解决方案。干得不错！

但是先别急着高兴，你还有一个任务没有完成，即如何结束关键冲突对话。实际上，关键冲突对话如何善后简直和如何开始一样重要。做好这一点，你才能建立承诺，为对方遵守责任奠定基础；做不好这一点，你不但有可能前功尽弃，还会给自己招致一堆新的问题。下面我们就来看看如何正确结束关键冲突对话，了解问题解决高手会用哪些技巧和手段来完成最后这个任务。

可预见的问题

有些问题非常常见，你只要听上一两句就知道到底是怎么回事。下面我们来举几个例子，你可以看看能在多长时间内发现其中的真正问题。

会议上的一幕

上周会议结束时，詹恩对乔伊说："你能完成报告，对吧？"

"当然能。"乔伊嘴上这么回答，心里却在盘算如何在满满的工作日程中添加新任务。由于工作太多，现在他连最喜欢的保龄球也没时间玩了。

一周过去了，詹恩问他："昨天下午我就需要那份报告了，现在你能给我吗？"

"现在？我计划的是下周做啊。"乔伊懊恼地说。

詹恩气得双眼冒火："你知道我这周就需要，是不是故意的？"

乔伊躲开对方的目光，嘟囔道："你又没说清楚。"

"你说什么？"詹恩提高了嗓门。

"啥也没说。"

"不对，你明明说了！"

"我说'这事儿说不清楚'。"乔伊撒谎道。

关于创造性

在一次正式评审讨论会上，芭伯要求下属约翰逊在工作中表现得更有创造力。她的原话是这样说的："下个季度，我希望你能更有创造性地开展工作。就是说，要自己动脑子多想办法。"

为变得更有创意，约翰逊努力提出了很多自己的观点，和上司的要求完全一样。可是，又出现了一个新问题，约翰逊现在不但善于提出新点子，还非常积极地把它们加以实施，却没有通知芭伯或任何人。他对"创造性工作"的理解是，自己可以随心所欲地去做任何喜欢做的事。

后来，芭伯得知约翰逊竟然把公司的整个库存系统都改变了。这么重大的事情都没有事先请示自己，这让她非常愤怒，指责对方的行为严重超越了权力范围。可约翰逊的回答是，他只是想表现得更有创造力，是在按芭伯的要求行事，并无不妥之处。

文字游戏

父亲正在生闷气，这是一个酷热的夏季午夜，他已经烦躁不安地盯着墙上的表看了一个半小时，同时努力压抑着心中的怒火。凌晨1：24，他的女儿终于推门进来，父亲大吼道："谢莉，你跑哪儿去了，这么晚才回家！"

"不，这不算晚嘛，上周萨拉直到早上 9 点才回家，那才叫晚。"

"少跟我耍嘴皮子，你 12 点前就应该回来了。这一个月以来，你天天都这么晚回家！"

女儿露出一个狡黠的微笑："是啊，自从我过生日后，这一个月我每天都凌晨 1 点回来。可是之前你什么也没说过啊，我还以为你同意了呢。"

这下轮到父亲不知所措了："这个……嗯……啊……"

不要自以为是

在上面的案例中，你用了多长时间才发觉其中的真正问题呢？詹恩和乔伊做了一个模糊的约定，由于没有设定明确的任务期限，这个任务注定会无法完成。他们的错误之处在于，两人都在和对方玩"读心术"游戏，看谁猜得到对方的真正想法。

约翰逊和芭伯遇到的问题则不同，这个任务确定了时间、角色和内容，即何时由谁完成何事，但任务的细节并没有交代清楚。芭伯让对方更有创造力地工作，这个表述过于主观，每个人都会有不同的理解。因此，出现问题也就不奇怪了。

最后，父女之间关于晚归问题的讨论代表的是另一种问题。由于连续多日没有面对女儿晚归的问题，父亲给谢莉留下的印象是，晚点儿回家不是什么大不了的事。实际上，父亲的做法等于默许了女儿晚归，至少在谢莉看来这就是事实。

徒劳的努力

大家对上面的案例肯定都不陌生，因为它们每时每刻都在我们的身边发生着。我们完美地进行一次关键冲突对话，但是最后却用各种模糊的、未准确说明的或是自作主张的个人看法制订出存在缺陷的行动计划，因此我们的努力最终会以失败告终。换句话说，我们没有明确地指出何时以何种方式完成何事，因此无法让对方有效地承担起应负的责任。这就像是试图往墙上钉果冻一样徒劳无益。

与此相反，完整的行动计划从不会自作聪明，从不会在细节之处模棱两可。它会设定明确的、可以衡量的期望标准。它能建立承诺，提高人们实现期望结果的可能性。它能帮助问题处理双方更好地进行以后的讨论，无论讨论的主题是责任、解决问题还是表扬进步。

解决方案：用四步法制订完整的计划

要制订完整而清晰的行动计划，避免任何自作主张的看法，你的计划必须包括以下四个关键要素。

- 何人
- 何事
- 何时
- 后续检查

我们刚刚提到过，很多问题之所以出现，是因为任务安排中只包括上述两个或三个要素。下面我们就来分析这四个要素，看看问题解决高手们是怎样做的。

何人

第一个要素最简单，你必须在每次安排任务时明确参与者的姓名。不过，这个简单的要素有时候也会出问题。在这里，参与者不但包括行动人，也包括监督人和负责人，把他们的姓名列出来有利于更好地履行责任。例如，在会议结束时监督员说："好吧，周五中午之前我们要完成这件工作。"周五转眼就到了，可任务并没有完成。老板厉声质问："我要的报告呢？"大家便开始互相指责，推卸责任了。

"我们"是个很模糊的字眼。在商业场合中，"我们要负责"基本上等于"没人会负责"。换句话说，在强调个人责任时，"我们"这个字眼是不适用的。很多父母也会犯这种错误。妈妈对孩子说："好了，去和小朋友们玩之前，我们要先收拾房间。"可结果孩子并没有这么做，面对妈妈的责备，孩子抱怨道："你不是说会帮助我一起收拾的吗？"

为了保证责任的顺利履行，人们必须清楚自己需要完成的具体任务是什么。如果一项工作需要多人参与，每个人都应当明确自己负责什么任务。"团队"这个词其实和"我们"一样模棱两可，虚无缥缈。因此，当事关大型任务时，你必须确保每个参与者负责任务的一个环节，然后把各个环节的负责人连起来。

何事

要清晰地确定该做什么并不容易。在约翰逊和芭伯的案例中，约翰逊得出的结论是，在下个季度的工作中要表现得更有创造力。看起来他们的做法没什么错误，不是吗？何人、何事、何时等要素都提到了。但是，实际情况并非如此。芭伯在布置任务时应当详细描述自己期望的具体行为，她应当这样说："我说的创造力是指，我希望你能提出更多的产品创意，然后在周会上讲出你的新创意让大家改善。提出解决方案也一样，当你发现问题时，不要跑来问该怎么办，而是自己先想办法，想到之后再向我报告。"

询问

在结束关键冲突对话，决定接下来该怎么做时，注意不要想当然地认为对方知道该怎么做。你应当事先询问关于质量或数量方面的问题，询问是否每个人都清楚具体情况，询问是否需要对不确定的内容进行解释。

对比

如果你怀疑对方可能会误解，可以采用对比表达的方式明确自己的意思。例如，你可以这样说："我希望你思考新的方案，不希望你在未经讨论的情况下擅自执行，你必须先把想法告诉我。"对于近期做过白内障手术的读者来说，你们对医院的做法肯定很熟悉。在手术之前，护士会用记号笔在你需要手术的眼睛上方画一个箭头，意思是说："此处为手术部位，注意不是另一只眼睛。"此举充分说明，当行动风险很高时，一定不要在细节上出现任何差错。（试想，在医院想到这个办法之前，因为忽略细节导致的错误手术案例会有多少？）

何时

时间也是制订行动计划时一个重要的考虑因素。时间有具体的名称和数字，可以精确地进行量化。因此，在设置后续检查时间或行动期限时，很多人都觉得不可能出现含糊不清的问题，其实这也是错误的看法。例如，"下周我需要这个报告"这句话听上去似乎很具体。如果下周任何一个时间都没问题，那你这句话就是明确无误的。但从技术角度来说，这句话规定的时间在本周六午夜 12 点之前是没有任何承诺的。因此，如果你希望工作在周五下午 5 点之前完成，你必须明确说明；如果你希望在周三完成，要明确说明；如果你需要在周三中午之前完成，也要明确说明。

这个问题还有一个棘手之处，当任务越是急迫，时间越是紧张时，人们的指令往往越是模糊。例如下面这些表达："这事儿很急，马上去做。""快去做。""嘿，你没听见我的话吗？这事儿特急，昨天我就需要这份报告了。"这些表达都不够明确，肯定会导致问题。大家可以这样考虑问题，"尽快去办"其实就是一句空话，它只会让对方摸不着头脑，不知道什么时间才算是"尽快"。

这种问题同样存在于家庭生活。下面的表达也会让听者产生不同的理解："别迟到。""我很快就帮你搞定。""你得收拾厨房的烂摊子。"虽然父母在说话时没有意识到其中的问题，但孩子们往往非常善于抓住漏洞，利用这些漏洞偷懒或是占便宜。因此，清晰的表述非常必要，它能有效地解决此类问题。

后续检查

清晰说明何人、何时、何事之后，下一步就很明确了，你必须确定什么时候、以什么方式对应当实现的必然结果进行跟踪检查。或许你和对方要一起解决某个问题，但是在面对问题的过程中出现了新的情况。你需要和下属或孩子一起解决问题时，肯定不会让他们自己想办法，在任务非常困难或是对方不熟悉任务领域时更是如此。同样，你也不会每过几个小时就检查他们的工作。

在任务执行过程中，选择检查频率和检查类型时，你应当考虑以下三个方面。

- 风险：该项目或行为结果的风险有多大？
- 信用：执行者以往的表现如何？其信用记录是否良好？
- 能力：执行者在这个任务领域是否有足够的经验？

如果对方接受的任务风险很高，这就意味着表现不佳会有糟糕的事情发生。如果任务交给经验不足或缺乏信用的人去做，后续检查工作会变得困难重重。检查的时间会拉长，频率会缩短，让你不堪重负。如果是例行任务，而且交给富有经验、能力突出的人去做，后续检查就会变得轻松很多。

　　检查工作进度有两种最常见的方式，分别是日程法和关键事件法。对例行任务来说，可以用日程法设置检查时间，以便观察工作进度。通常情况下，这种检查都是在例会上进行的，你和对方都会在场。对于复杂的项目，你可以采用关键事件法进行跟踪检查。例如，你可以这样要求对方："完成初步计划后马上向我报告。"或是把两种方法结合起来使用，如"如果这个计划下周二中午之前还没完成，我们就一起讨论该如何加快进度。"

　　在双方关系未加限定的情况下，跟踪检查工作可以表现出更多的创造性。例如，某女士和男性同事讨论了对方的行为不端问题，她有些担心这个问题能否得到有效解决，能否终止对方的恶劣行为。为此，她设定了一个行动检查方案，在结束讨论时对对方说："一个月后我们在餐厅吃午餐时再见面怎么样？我建议见面时讨论的第一个问题是，'上次谈话后我对你的行为表现是否异常'，以及'从我的角度来看这种行为是否已经终止'。你觉得怎么样？"毫无疑问，这种坦诚、真挚和尊重对方的请求马上会得到对方的同意。就凭这样一句话，这位女士得到了对方一个月的行为保证，对方终止了不当的行为。

　　当进行关键冲突对话时，如果你担心问题有可能重新出现，千万记住要和对方约定后续检查时间，它能有效地解决这种问题。

吹毛求疵还是放任自流

对对方的行动表现多久检查一次，这个问题取决于对方的信用记录以及任务的性质。反过来说，你的做法在别人眼中的看法如何取决于你的态度和目标。在设置后续检查环节时，你应当问自己这样一个问题：我真正想要实现的目标是什么？如果你不信任对方，你的检查方式看起来就会像审查罪犯，没有哪个人喜欢被当作罪犯对待。

当人们感觉受到过于密切的监视时，他们会变成"忠诚的士兵"，你让他们做什么就做什么。他们会停止主动思考，把检查行为视为一种批评。他们会感觉到在为吹毛求疵的老板工作，没有任何机会展示积极性和创造性。简而言之，他们和上司之间的关系并不是在信任和尊重的基础上建立起来的。

不幸的是，如果在后续检查环节中管理者走向放任自流的另一个极端，这样也会造成很多问题。在当今强调员工增权的商业背景下，放松对人们的监督是一种很普遍的现象。其实，管理者并不喜欢对下属吹毛求疵，他们了解这种感受，讨厌这种感受，不愿意对其他人也这样做。正因为如此，很多管理者选择了大撒把，很少对行为表现进行后续检查。可以说，这样做的目的是好的，但策略是错的。

此外，其他一些因素也会导致对检查工作的过度放松。

很多管理者（和父母）觉得没时间去检查下属（或子女）的行为表现，于是给对方很大的行动自由，哪怕对方一向都不值得信任。现如今，很多管理者都忙着出差、答复邮件、发短信和参加会议，根本没有意识到定期检查下属工作表现的重要性。

可是，这种放任自流的管理方式并不等于对员工的正面激励。对方不会说："我理解，上司太忙了，没时间检查我们的工作。"大多数情况下，他们得出的结论是这样的："上司根本不关心我，也不在乎我手头的工作。"忙于工作的父母也会遇到这种问题，在孩子眼中他们的忙碌代表着冷淡，这种影响会直接伤害双方的关系以及孩子的行为结果。

在设置如何检查以及何时检查对方的行为表现的问题上，你的目标会对结果产生重要的影响。

那么你呢？如果你觉得自己在其他人眼中也有可能是吹毛求疵或是放任自流型的管理者，你就需要做自我检视了。在分配任务时，你应当明确合适的检查方式，坦率说明检查的原因，然后真诚地询问对方是否同意你制订的检查方案。当双方都接受检查频率和检查方式之后，你就能解决这个问题，不会再被视为极端的管理者了。

两种检查方式：管理者主导式和执行者自检式

关于检查方式的讨论应当由谁启动呢？分配任务者是总居于主导地位，还是有时候也会让任务执行者负责检查任务实施情况呢？你应当在分配任务以及对任务感到不安或存在问题时进行检查。你已经分析了任务的风险程度、执行者的信用记录和经验水平，现在你感到有些担忧、不安甚至是紧张。此时正是进行检查的时机，你应当主动出击。掏出你的掌上电脑或日程安排表，做以下记录："由于这是一项非常重要的任务，下周三上午 10 点能否和你当面讨论该怎么安排检查工作。"写下这些内容，你就要负责后续检查工作了。

实际上，在这个问题上主动出击并不表示你对下属吹毛求疵，它只是说明你对检查工作拥有管理权。此外，它还能表明你对任务的执行方式、执行内容和执行过程中存在的问题感兴趣。如果一项任务的实施风险很高，检查工作应当安排在执行过程中进行，这样可以确保各种工作进展顺利，确保你随时可以提供帮助或指导。

如果是例行任务，而且执行者是经验丰富、表现突出的员工，你可以使用自检法，让执行者负责检查工作，采用回顾式的检查方法。他们会提出这样的建议："咱们在下次约好的会议上谈怎么样？"或是"任务完成期限为两周，时间从今天开始。我们能否在下周二员工会议之前花 15 分钟对此进行讨论？"

要想完美地实现你的目标，同时维持好和下属的关系，在检查工作中有针对性地采用这两种方式是非常有帮助的。

注意总结

关于行动计划的讨论颇为复杂，很多问题都是一笔带过，很容易造成遗漏。有鉴于此，你应当对具体行动流程进行总结，举例如下。

"我来总结要做的事情。比尔，你要复印 9 份报告，用公司标准信头纸装订好，周二下午两点的会议上要用。周二中午你要来向我做检查汇报，看是否存在任何问题。对吗？"

比尔："没错。"

"还有没有其他我们没谈到却可能影响这项任务的情况？"

询问对方的意见，这样做可以帮助你发现其他可能导致问题的情况。实际上，提出这个问题的重要意义远远大于澄清对方误解的作用，它表明你在检查对方的承诺。当对方最后表示"没问题"时，在这种情况下他们践行约定的可能性就会大大提高。因此，在应对关键冲突时，最后千万不要以为对方模棱两可地点一下头就解决了问题，以为这样他们就会遵守承诺。如果你想实现货真价实的承诺，就必须让对方有机会对你做出的具体约定清晰地说出"好的，没问题"。

再谈后续检查

首先，你应当设定检查时间。

- 检查应该在正式时间还是非正式时间进行？
- 应该采用管理者主导式还是执行者自检式？
- 应该根据日程法还是关键事件法进行检查？

这些都是必须事先考虑的问题，接下来你要面对的是实施检查的具体行动。出人意料的是，关于检查工作，最大的问题并不在于我们往往不顾员工的感受经常实施检查，而是在于我们根本就不去检查。换句话说，我们设定了行动计划，设置了检查日期，然后就撒手不管了。为什么会出现这种情况呢？

忘记

关于这个问题，一个原因是我们会忘记。如今，生活节奏如此之快，我们总是忙得焦头烂额，不可能同时记得那么多任务。我们怎么可能记得要对他人做出的承诺进行监督检查，或是要求别人记住对我们做出的承诺进行检查呢？显而易见，这是不可能的，至少在没有帮助的情况下是不可能的。要想牢记自己做出的承诺，你应当这样做。

- 在日程表上写下检查日期和检查时间。
- 用即时贴或电脑提示功能提醒自己。
- 把检查时间问题列入待办工作内容。

提醒自己去做有效工作，这种方式对于忙碌的工作任务和捉襟见肘的工作时间都是很重要的保证。在家庭生活方面，很多人在这方面的表现都很糟糕。试想，有多少人会用电脑或其他电子设备向孩子或配偶交代要做的事情？对很多人来说，这种做法显得冷冰冰，缺少人情味。例如，你大概会听到这样的抱怨："老爸，我是你的女儿，不是你的员工。"尽管如此，我们的时代正在发生变化。你必须找到解决问题的办法，要么使用电子手段，要么采用其他方式。

担心

人们往往忽略检查工作的另一个原因是，他们希望自己看起来是老好人。在对来自世界各地企业员工进行的一项访谈中，我们吃惊地发现"挺好"这个词的出现频率非常之高。我们的问题是：你如何描述所在企业的公司文化？很多人的回答是：挺好。在这里，这个词的含义显然已经从"令人愉悦的"转变成了"令人讨厌的"。

"挺好"是个形容词，指一种温和的、非冲突性的、最终会扼杀个性的待人接物态度。

显然，人人都想一团和气，不愿承受压力。让别人承担责任是一种需要承担很大压力的工作，当你必须诚实面对问题时更是如此。因此，在后续检查的问题上，很多人会为自己找借口，选择不去惹麻烦。他们认为这不是背叛行为，正所谓多一事不如少一事，这就是他们的心态。

毫无疑问，如果你认为坦率面对问题，要求对方遵守承诺是一种充满压力的错误做法，你肯定也会接受这种心态。但是，我们在本书中自始至终都在强调的观点是，善于处理关键冲突的人都是坦率正直和彬彬有礼的人。他们诚实，但不会"血淋淋地揭露问题"。你完全可以在检查对方的行为时表现得像正常人一样。实际上，反过来理解这个观点才是正确的，如果你选择不去面对问题，不愿承担检查工作，这种做法才是对他人的冷酷无情。因为任由对方的努力走向失败，最终会毁灭行为结果以及你们的人际关系。

我们在前几章介绍的方法，目的是帮助大家更体贴地面对问题，更体贴地实现结果，更体贴地进行后续检查。在实施检查工作时，可用的表达其实非常简单安全，完全不会让对方产生抵触情绪。例如，你可以这样问对方："那个南国项目进展怎么样了？"或是"我们对改善预算所做的检查工作，现在进行得如何？"记住，检查工作的目的是了解任务的现状，进展是否顺利，已经完成了哪些工作，还有哪些工作需要完成等。因此，你的目的是要帮助对方，为对方提供支持，而不是给对方找碴儿。

小　结

制订计划

我们已经来到关键冲突模型的结尾部分，安全地完成了每一个步骤，可以进入后续行动环节了。我们首先制订了行动计划和后续检查方案，然后具体展开检查活动。

- 如果关键冲突对话收尾不佳，我们不但会浪费很多时间，更糟的是会让对方感到失望，造成不必要的紧张感。忽略任何细节都会导致任务的彻底失败。

- 要想善始善终，你必须成为制订行动计划的高手。你的计划应当包含何人、何事、何时等重要因素，必须确保每个人都明确自己应负的责任，确保每个人都准确理解自己的工作内容。在必要的时候，你应当询问对方是否明确个人责任，使用对比说明的方式准确描述自己的期望。

- 你必须确保行动计划包括正确的经过对方同意的后续检查方式。对方越是缺乏经验，信用记录越不稳定，任务风险越高，执行检查的次数就必须越频繁。在讨论检查方法时，你必须坦率地和对方进行沟通。

- 最后一步是实施检查工作。如果进展不够顺利，你必须解决新出现的关键冲突问题。

| 第 8 章 |

综合应用

如何解决超级棘手的复杂问题

积极面对那些棘手麻烦的难题吧，因为其中蕴含
着人生最重大的机遇。

——拉尔夫·马斯顿

现在，我们已经介绍完了整个关键冲突模型，接下来快速浏览我们讲过的每个步骤，然后看看如何综合利用这些技巧来解决棘手的问题。通过案例分析，我们可以学习到真实冲突中的真实个人，是如何精心选择技巧来解决问题的。实际情况也的确如此，在展开关键冲突对话时并不是每次都需要所有的技巧。因此，我们应当学习如何进行选择，以便随时随地正确有效地应对问题。

具体步骤总结

选择目标和意义

- 目标：问自己你的真正目的是什么。你可以和对方讨论内容、模式或关系。为专注于同一个问题，你应当询问自己希望实现什么目标。
- 意义：你是在努力打消面对关键冲突的想法吗？不要让恐惧战胜理性，你需要认真思考的不只是应对冲突的风险，同样要分析逃避冲突的风险。

梳理头绪

你不能在大脑中虚构可怕的故事情节，然后根据这些情节做出相应的举动，而是应当探寻问题的事实真相。你应当这样问自己：为什么一个理智的人会做出违反自己承诺的行为呢？我在这起事件中扮演了怎样的角色？只有当你把对方视为正常的人而不是穷凶极恶的坏蛋时，你才准备好了面对关键冲突。

问题描述

在此过程中你的目标是营造安全氛围，你应当陈述的是事实，描述期望目标和实际表现之间的表现差异。只有在陈述事实之后，你才能试探性地说出自己的看法。最后，你应当以一个问题结束开场白，帮助对方分析错误行为出现的原因。

制造动机和简化问题

表述完观点之后，你应当仔细聆听对方的看法，判断对方到底是缺乏行为动机还是缺乏行为能力。需要注意的是，在此过程中千万不要使用权力强迫对方。实际上，这种错误做法往往会使讨论中断，无法解决问题。与此相反，正确的做法应当是制造动机和简化问题。要做到这一点，你应当利用六种影响力模型进行分析。在分析时，注意社会和结构等影响力因素的作用。

制订行动计划和后续检查方案

简而言之，这一步的目的就是要明确何人、何时、何事等要素，然后加以跟踪检查以确保对方会遵守承诺。这是一个简单有效的技巧，用于提醒我们定期检查对方的行为表现。在制订计划和检查方案的过程中，你必须确认没有遗漏任何细节或可能出现的障碍。

灵活关注

在应对关键冲突时，如果遇到突发性问题，不要漫无目标。你应当做出选择是否需要改变话题，解决新出现的问题。为此，你必须衡量新问题的重要性，如果它更为严重、更为紧迫，那就必须先解决掉；如果不是，那就坚持讨论原来的问题，不要被对方转移视线。

下面我们来看看如何在案例中应用上述步骤。

问题在谁身上

过去半年来，里奇一直努力避免和妻子伊莲娜讨论一个棘手问题，原因是他担心自己才是有错的一方。事情的经过是这样的：里奇的前妻曾经背着他搞婚外情，这件事直到一年后才让他发现。此事极大地动摇了他对婚姻的信心，妻子的不忠让他备受打击，同时他也为未能及时发现这种严重问题感到非常自责，觉得自己缺乏判断能力。

一朝被蛇咬，十年怕井绳。过了很久之后，里奇才遇到新的恋情。自从在教堂遇到伊莲娜之后，里奇和她相处了整整四年才意识到第一次婚姻失败是个意外，意识到伊莲娜和他的前妻是不一样的女人。直到解开这个心结之后，他才全身心地投入到了新的感情中。在和伊莲娜结婚三年后，里奇又陷入了无休无止的自我争论，原因是他注意到一些非常糟糕的情况，妻子开始背着他搞一些小动作。但是，他并不能确定伊莲娜有出轨行为，或许这一切只是自己太疑神疑鬼。因此，里奇一直没有开口提起这件事。

的确，伊莲娜是出现了一些变化。她开始偷偷摸摸地处理邮件，当里奇走进房间时便马上退出邮件页面；她开始频繁地到外面接电话，不让里奇知道对方是谁。不过，伊莲娜每次都振振有词，解释说是工作上的事情，这种情况更是让里奇内心痛苦。另外，伊莲娜开始经常加班，此前这种情况也断断续续地出现过。不过，让里奇感到不安的是，加班本身不是大问题，问题在于伊莲娜的上司是她的前任男友，有好几次她都是和他一起晚上加班的。

下面，我们就和里奇一起面对这次错综复杂的关键冲突。请大家仔细阅读下面的内容，看看他是如何两次跳出话题，重新建立安全氛围的。

选择目的和意义

是否应当面对问题

当里奇发现他和伊莲娜开始暗战时，他已经很清楚需要和对方进行关键冲突对话了。他的顾虑让伊莲娜感到有些冷淡，这种退缩行为造成的结果是，伊莲娜开始积极地投入工作，以此作为回应。当里奇发现缺乏沟通对两人关系造成的不利影响时，他突然意识到必须要开口面对问题了，因为保持沉默根本不会解决问题。

希望实现什么目的

在思考这件事时，里奇发现自己想要的是和伊莲娜建立温暖的、充满关爱的、持久性的人际关系。他不想指责对方，不想在出现问题的婚姻关系中施加负面影响。他要做的是和妻子讨论真实出现的问题，即对两人关系的担忧，其中既包括她的忠诚问题也包括自己的多疑问题，这就是他选择讨论的话题。询问自己的真实目标是什么，这个技巧帮助他有效地确定了根本问题，避免了无休止地陷入冷战。

梳理头绪

寻找事实真相

里奇要面对的第一个挑战是自己的精神状态。他强烈怀疑妻子出轨，几乎认为这就是确定的事实。此外，他还坚信，即使妻子不忠，她也会利用谎言来掩饰，因为这种情况在他的前妻身上就发生过。只有心虚的人才会这么做，里奇非常确信伊莲娜会撒谎。因此他自然而然地会严厉指责妻子的错误做法，希望这种方式能恐吓对方说出事实。根据妻子的反应，他就能了解事情的真实经过了。

为了控制自己的情绪，里奇必须检视自己的看法是否正确。他努力提出各种解释，力图说明妻子的行为是合理的。换句话说，他在努力寻找事实真相。他要弄明白的是，为什么一个正常、理智、循规蹈矩的人会做出这种行为。在妻子撒谎这种行为之外，是否存在其他的影响因素？经过对六种影响力的分析，里奇得出了以下的结论。

- 里奇知道伊莲娜非常希望获得事业成功，她正在努力争取职位升迁，因此愿意付出相应的代价。

- 妻子不愿和自己讨论，是因为她担心会遭遇令人尴尬的冲突。

- 里奇自己也有不对的地方。关于妻子和上司一起加班的事情，他曾说过很难听的话。最近一段时间以来，他很少对妻子表达爱意，伊莲娜肯定觉得跟他在一起没什么意思。

- 伊莲娜对家中开支问题很担心，这一点或许可以说明她经常加班的原因。
- 两人的工作时间不一致，经常聚少离多，这也是问题出现的部分原因。

当里奇分析这些潜在原因时，不可思议的事情发生了，他竟然慢慢冷静下来。当然，他必须小心推理，不要陷入自我责备的极端情绪或是逃避对话的状态。他的目标是要在"撒谎成性的轻佻妻子"这个主观臆断和其他可能性之间寻找一种平衡。他要做的是消除肾上腺素带来的愤怒情绪，避免自己成为头脑简单四肢发达的人，以客观和就事论事的态度跟对方展开交流。这种影响作用无疑是巨大的，新的看法带来的是好奇心和同情。里奇开始暂时收起自己的多疑，他仍然想和对方讨论问题，但现在已经不像一开始时那样情绪化，轻易得出对方有错的结论了。

里奇担心的是，关于出轨问题的讨论很棘手，有可能自己的每一句话都会让妻子感到不安。为此，他决定先营造安全氛围。他的具体做法是利用两种技巧，通过寻找共同点建立共同目标，以及利用对比法澄清对方的误会。

营造安全氛围：确定共同目标，利用对比法

里奇是如下这样展开关键冲突对话的。

里奇：有件事我想和你谈谈，但是又担心说出来好像在挑你的错，其实我根本没有这种想法。我发现这些顾虑正在影响我们之间的关系，我不希望咱们俩都感觉彼此疏远。我觉得，如果能解决这个问题，我们的关系会回到几个月前的良好状态。你觉得怎么样？

伊莲娜：没问题，你有什么烦心事？

描述表现差异

营造出安全的讨论氛围之后，里奇要做的是从观察到的事实出发，描述行为表现差异，然后用一个问题结束开场白。他是如下这样说的。

里奇：呃……这事儿有点复杂，慢慢才能说清楚。（他开始谈在前妻身上看到的一些行为，以及伊莲娜最近的一些表现。在询问妻子的看法时，伊莲娜气愤地打断了他。）

伊莲娜：真不敢相信，你是在说我在搞婚外恋吗？你简直是个妄想狂，我懒得跟你谈。（她准备离开。）

营造安全氛围

显然，伊莲娜的表现说明这个话题让她感到很不安。在这种情况下，里奇必须重新构建安全氛围，即重新建立共同目标，利用对比法说明自己的真正目的。他是如下这样进行补救的。

里奇：伊莲娜，我知道这件事听起来是我多疑。但实际情况不是这样，我只是不知道发生了什么。在考虑这件事时，我并不认为你有出轨行为，如果让你产生这种感觉，我觉得非常抱歉。可问题是，你的表现和我的前妻有很多相似之处，这让我不得不产生顾虑。我想和你谈这件事，既是为了搞清楚事情的来龙去脉，也是为了想办法解决问题，不要让它影响到我们之间的关系。我并没有要冒犯你的意思，可如果不开门见山地谈，问题怎么能得到解决呢？我们能重新开始吗？

伊莲娜：那好吧，我试试，不过这件事听起来真的很难接受。

问题描述

重建安全氛围之后，里奇需要用一个问题来结束开场白，这个问题应当有助于分析问题的根本原因。

里奇：你知道这些行为会让人多么担心吗？

伊莲娜：是挺让人担心的，不过你根本用不着担心。（伊莲娜已经完全冷静下来，开始坦率地和丈夫讨论起来。）

里奇：那好，我想听听你对这件事有什么看法。

制造动机和简化问题：分析六种影响力

里奇试着理解为什么伊莲娜和自己在一起的时间越来越

少，和前任男友一起加班的时间越来越多。他了解到的情况
如下所示。

- 伊莲娜最近入不敷出，欠下了很多钱。她的父亲长期
  失业，她很担心还不上抵押贷款。
- 她不想向里奇透露经济问题，是因为心有顾虑，不知
  道怎样开口才不会冒犯丈夫。
- 关于和上司（前任男友）一起工作的问题，伊莲娜也
  有苦衷。这位上司总是对她的工作吹毛求疵，似乎在
  用这种方式惩罚她和自己分手。此外，他还拒不提供
  各种资源，让伊莲娜的工作困难重重。
- 大多数情况下，伊莲娜晚上不是和上司一起加班的，
  她是和自己的团队在一起。在工作中，做出优秀的业
  绩可以让她产生安全感。
- 她和里奇最近很少亲热，是因为工作压力太大，人特
  别累。此外，丈夫的冷淡也是一个原因。

了解了潜在的原因，两人开始讨论有效的解决方案。例
如，如果退掉俱乐部会员卡，退掉昂贵的租车服务，把钱省
下来以备不时之需，这样可以缓解伊莲娜对经济问题的担
忧。如此她也不用为了工作看老板脸色，心态会出现积极的
转变。

随着讨论的继续，伊莲娜突然说出一句语带讽刺的话，
然后便默不作声了。

伊莲娜：为什么总是要我付出呢？

灵活专注：选择是否应对新问题

（里奇意识到这是一个新问题，决定对此进行讨论。显然，伊莲娜感觉自己付出的要比丈夫所做的多。里奇想弄清楚问题的具体情况。）

里奇：我们刚搬到这里的时候，的确是你付出了很多，饮食起居都是你一个人在支撑。我没有意识到这件事如此重要。我们是不是先把这个问题解决，然后再回头讨论刚才的问题？

伊莲娜：我希望你也能稍微放下一些远大目标。有时候，一想到总是我在付出而你在索取，这种感觉让人很失望。

制订行动计划和后续检查方案：确定何人、何时、何事以及后续检查方案

经过一番长谈，问题的真正原因被找到了，解决方法也商量出来了。里奇和伊莲娜决定要对现状做出一些改变，明确指出双方应该在什么时间做出怎样的举动。随后，里奇建议下周周末时对执行情况进行讨论，看看自己的顾虑和妻子的失望这两个问题是否有所改善。

这就是你应当掌握的一切，用于解决复杂问题的各种技巧。只要学会这些技巧，你也能像经验丰富的问题解决高手一样游刃有余地面对关键冲突问题。

写在后面的话：你能否做到学以致用

一位火箭技术专家正在暗自苦恼，她很想向上司指出新式推进剂中潜在的安全问题。但是，她最终选择了沉默，因为这样做很可能让她惹上一身麻烦。几个月来，这件事一直让她寝食难安，生怕会有什么可怕的后果发生。一位护士很想向医生提出一项影响患者健康的建议，但最后还是决定多一事不如少一事，因为结果可能招致医生的愤怒咆哮，让自己吃不了兜着走。随着沉默的痛苦煎熬，这位护士也陷入了充满顾虑和怀疑的泥潭无法自拔。一位丈夫选择不去面对妻子可疑的举动，让自己沉浸在妻子可能出轨的烦恼猜测中。

这些都是我们在本书一开始时会遇到的问题——像绝大多数人一样沉默地面对苦恼的生活。无论情况多么严重，会给我们带来多大痛苦，我们还是习惯于逃避面对错误行为。原因很简单，我们总是认为得过且过要好于去冒惹祸或是丢人的风险。其实，这就是一道风险评估应用题，其理论依据是：如果我们大胆面对问题，结果有可能会失败；换个角度来看，如果我们装作若无其事，问题有可能自动消失。如果处理不当，我们甚至会造成更严重的问题。经过这样一番思量，我们很容易得出这样的结论——三缄其口，明哲保身。

可是，这样做并不一定正确。过度地压抑自我，总有一天会让我们爆发出激烈的负面情绪。我们总是在主观臆断，就像在休眠的火山上堆积炸药。最终当火山爆发时，我们甚至会认为自己可怕的举动是完全正确的，是对方应得的。

于是，我们便陷入一个从沉默不语到暴力相向的两极化行为怪圈。一开始我们会想"我怎么能说出这样的话呢"，于是我们便保持沉默；当压抑到一定程度时，我们会想"我再也忍受不了这种折磨了"，于是我们便暴力相对。这种行为循环很像是社会生活版的量子力学，我们总是从一个极端跳到另一个极端，中间没有丝毫缓冲地带或过渡空间。我们从来不会在这两个极端之间停留，通过关键冲突对话方式解决问题并改善人际关系。对我们来说，这种问题只有极端化的解决方案，不存在任何坦率地自由交流想法的机会。但一个无法忽略的事实是，沉默或暴力都不能帮助我们解决个人问题、关系问题和目的问题，我们依旧在这两个极端之间跳来跳去。

要解决违反承诺的问题，根本方法在于我们是否有能力进行关键冲突对话，是否能圆满化解这种危机。也就是说，我们发现问题时，是否具备坦率真诚地和对方进行交流的能力。可是，绝大多数情况下我们大多数人（正如前面提到的火箭科学家、护士和丈夫一样）都不愿承认的事实是，我们选择沉默是因为不知道该如何解决关键冲突问题，或者是担心自己不知道该如何解决此类问题。毫无疑问，我们并不是本质邪恶的人，我们只是害怕面对关键冲突问题。我们害怕是因为内心紧张不安，是因为我们总是认为结果会以失败告终，至少我们自己是这样认为的。

如果说本书传达的观点只有一个，那它无疑是你完全可以面对关键冲突问题并且把它处理好。在顺利的情况下，你肯定成功解决过此类问题；在不顺利的情况下，你也能尝试着积极面对。现在，有了本书提供的系统化技巧作为后盾，你一定会越来越熟练地展开关键冲突对话。

同样重要的是，在面对棘手的关键冲突问题时你完全不必孤身涉险，没有人要求你去冒这种巨大的风险。这是因为最开始的两项技巧，即"选择目的和意义"和"梳理头绪"，都是在你的个人思维范围之内进行的，是非常安全的。通过面对需要解决的事件，从中选出正确的问题，你完全可以保证这种努力没有白费。通过努力控制情绪，你可以理性地分析事实，减少对错误行为的抵触感和自我防御感。显然，这些工作都是在你开口之前需要完成的。做到了这两点，你就成功消除了潜在的风险。实际上，这些技巧本身就能避免你对对方的愤怒指责，避免一开口就把对话搞砸。它们能够让你获得成功的机会成倍增加。

接下来你开始行动，小心谨慎、冷静客观地描述问题，这是你首次真正面对风险。不过你不必担心，因为你只是在描述对方的行为事实，而不是在主观臆断什么险恶结论。换句话说，你现在是一个力求发现事实的科学家，而不是恣意攻击对手的评论家或法官。这种充满人性的做法对你有很大的帮助，它能让你和对方展开专业的、客观的交流。

用一两句话介绍完事实经过之后，你应当提出一个问题作为结尾，而不是用莫须有的罪名指责对方。到现在为止，关于关键冲突问题你只说了三句话而已，接下来要聆听对方的看法，这样做也能有效地把风险降至最低。你观察到一些情况，向对方道出了事实，现在你想知道整件事到底是怎么回事。对此，对方会有什么看法呢？

如果这时对方变得咄咄逼人，甚至非常气愤或口出不逊之言该怎么办呢？你可以暂停讨论，先解决眼下遇到的新问题。或者，如果事情让你感到困惑糊涂，你也可以采用战略拖延的手段解决问题。你要做的是先退出讨论，花点时间思考下一步该怎么做。记住，这只是一次对话，不是互相攻击。你应当找到一个退出点，想出办法之后再卷土重来。

如果对方没有过激的表现，没有大发脾气或是表现出自我防御态度，而是一五一十地说出事情的经过。我们可以断定的是，他们未能遵守承诺无非有两种原因，一是缺少行为动机，二是缺少行为能力，或是两者兼而有之。

关于动机问题，要分析这一点也毫无风险。需要注意的是，你的目的并不是用简单的方式鼓励对方，不是用权力或职位等形式强迫对方按照你的要求行事。更进一步说，你的目的并不是要改变对方潜在的、无法改变的性格或特质。与此相反，你的任务是要诱导他们自己产生行为动机。

要做到这一点，你必须和对方一起分析各种可能对行为动机产生积极或消极作用的影响力。具体做法是，你应当向对方说明错误行为的自然结果，同时倾听对方的描述，看是否有任何遗漏的行为结果。你完全不必用高压手段让对方屈服于你的意志。如果发现自己的要求不合理，你甚至可以将它们取消，放弃原来的立场。换句话说，在分析问题的过程中，你也可能会受到影响。在解决行为动机问题方面，你需要依靠的手段是展开对话而非谩骂抨击对方。

如果对方是缺乏行为能力怎么办呢？同样，你的任务不是强迫对方去完成不可能的事。原因很简单，因为这种任务本来就是无法完成的。换句话说，你的任务并不是迫使对方去面对难题，至少长期来看这不是你的目标，而是要想办法简化问题。这样做会有风险吗？你必须和对方一起分析可能成为能力障碍的影响力因素，共同提出解决方案。

明白了上述技巧的具体应用，对于梅丽莎和众多我们研究过的影响力大师为何会欣然进行关键冲突对话这个问题，我们就不再感到奇怪了。他们之所以会这样做，并不是因为他们较之常人更加勇敢，而是因为他们比普通人具有更高的问题处理技巧。他们在进行对话时会综合考量各方面的因素，这些因素的考量能有效帮助他们在对话中形成良性循环。这种能力保证了对话的成功，而对话的成功会增加他们处理此类问题的自信，自信心的提升会进一步鼓励他们尝试更多沟通技巧——这就是关键冲突对话带来的良性循环。

那么你呢？你是否也准备好就自己真正关注的问题，和对方展开关键冲突对话了呢？为了给大家再鼓一把劲儿，我们在最后一章中列出了一些常见和极具挑战性的关键冲突案例。这些案例是大家在日常生活中顾虑最多的情形，我们来看看应当怎样解决这些问题。

| 第 9 章 |

实战宝典
如何应对各种问题

规则的毫无例外之处在于，每个人都想成为
其中的例外。

——查尔斯·奥斯古德

过去 20 年我们一直在教授应对关键冲突的技巧，在此过程中曾经无数次听到有人这样说："你们的方法是不错，可我遇到的情况比这要复杂得多，这一套解决不了我的问题。"一开始，我们以为他们不同意我们的观点（特别是当他们口出狂言的时候），但大多数情况下有关的参与者只是在想象这些技巧在他们所谓的复杂情况下的应用情况，并没有经过事实的验证。实际上，当他们发现关键冲突对话可以解决他们认为的最严重的问题后，这些人马上就会转变观点。他们要做的是深入了解问题中需要加以重点关注的方面。他们之所以会产生"可是"的念头正是因为他们善于思考，只是有时候思考得太多了而已。

为了向我们的老友史蒂芬·柯维（Stephen R. Covey）表示歉意，我们在本章准备了七个"可是"型案例。为了便于说明问题，我们另外又增加了五个案例。

面对上级

"我的问题是很难面对上级，公开反对她的意见或是和她当面讨论不按规定做事给我造成麻烦的问题。可是，如果我这样做，肯定会付出重大的代价。"

危险之处

在应对错误表现，特别是问题具有很大风险时，人们往往会选择力求行事稳健。他们宁愿痛苦地忍受折磨，也不愿试着去改变错误行为，以免出现可能的失败以及由此形成的双重损失。实际上，你之所以会不断遇到相同的情况，是因为问题没有得到任何改变。更糟糕的是，对方会对你的表现感到气恼，很快会对你进行打击报复。这个问题并非只和职位等级相关，它也会出现在好友和夫妻之间。你的配偶不会开除你，但他们可以否定你在夫妻关系中的地位，其带来的影响更让人痛苦。

解决方案

在提出建议之前我们想略做说明的是，在多年的调查工作中，我们发现有些老板非常容易自我满足、独断专横。在处理问题的过程中，他们的唯一目的是要保持自己的绝对控制权，任何有悖于此的行为都会被他们视为威胁。

在这种情况下你的行动风险很高，因为他们只喜欢下属卑躬屈膝的表现。在面对这种情况时，你只能在应对和放弃两者中择其一（后面有详细说明）。

说到这里，我们需要解释另外一个观点。像上面所说的"极品"管理者，现实生活中真正会遇到的并没有人们抱怨得那么多。实际上，关于你的上司的自我保护行为，90% 都是可以避免的。之所以得出这个结论，是因为我们见过很多问题解决高手和此类极具控制欲的管理者打交道，他们不但能成功解决问题，而且没有受到任何责备或惩罚。

这说明在应对蛮横上司时，问题解决高手和普通人不但有处理技巧上的区别，而且对问题的看法也存在显著的差异。他们非常善于为上司营造安全感，因为他们能做到设身处地地为对方着想，可以站在上司的角度去看问题。他们善于发现共同目的是因为总是花大量时间去思考，思考要面对的问题行为会给上司带来怎样的麻烦，而不是只顾着烦恼这些问题给自己带来的痛苦。他们善于为上司制造行为动机，是因为他们细致分析了上司的行为可能为其带来的自然结果。明白了这些，我们就不难理解为什么普通人眼中刚愎自用的上司喜欢听他们的意见了。

对于那些自以为是的上司，虽然我们并不想为他们的缺乏耐心和刚愎自用找借口，但我们必须指出的是，在应对他们的自私行为时，如果我们表现得同样自以为是，那么显然会无法深刻地认识问题，无法了解对方的苦衷，进而导致关键冲突对话的失败。换句话说，抱着这种心态，我们永远也无法营造解决问题所需的安全氛围，我们的努力会被自私的想法击得粉碎。

当然，这番话绝对不是"谴责受害者"的言论，我们只是想鼓励弱者积极行动，用正确的方法解决问题。如果你想对位高权重、刚愎自用的管理者产生更大的影响，你需要的不是更大的权力，而是更多地理解对方。你需要的不是恐吓对方的大铁锤，而是更有包容精神的心灵。如果你能跳出自我的狭隘视野，换一个中立的角度去看问题给你和对方带来的影响，你肯定会有更大的机会实现对双方都有利的结果。老话说"欲伤人者终伤己""搬起石头砸自己的脚"，其实说的就是这个道理。

补充说明

我们再来说说前面提到的关于应对和放弃的选择问题。当有人做出令你讨厌的行为时，你有四种选择：抱怨、冲突、应对或放弃。抱怨是最坏的选择。当你抱怨时，你并不是想办法解决问题，而是不停地发牢骚和指桑骂槐，情况根本不会得到好转。或许你并不知道，过多的抱怨和牢骚其实会伤害你的健康。这种行为对周围人的负面影响就更不必说了，人人都会像躲瘟神一样躲开爱发牢骚的人。

对话是解决问题和维系人际关系的最佳选择，也是本书讲述的内容。关于应对则需要做一些解释。你已经尽全力去面对关键冲突问题，尝试解决问题，但还是无法成功。实际上，你已经根本看不到任何成功解决问题的希望了。这时，你需要选择的是应对或放弃。放弃很简单，现实生活中有一半的夫妻都选择了这种方式（即离婚）。每年还有数百万人选择辞职，他们选择的也是放弃。但应对与此不同，它是指你认为问题还没有严重到足以结束当前人际关系的地步。因此，你既不愿和配偶离婚或是从公司辞职，也不会无所事事地终日抱怨。

要想正确地应对问题，你必须努力寻找事件的真相。在现实生活中，大部分人都是理性和正常的，无法和对方统一意见是因为理性的人总是会形成不同却合理的结论。换句话说，你的老板并不是独断专横的人，她只是想保证自己的看法得到大家的充分考虑；你的丈夫并不是自私的人，他只是忘记了晚上上厕所时要放下马桶座。遗忘这种行为恰恰说明他是存在缺点的正常人，这一点并不表示他的品性是冷漠无情、缺乏关爱的。要想应对问题，你首先必须寻找事件的真相，然后让自己接受这些真相。

情绪健康的人从来不会伪装应对问题。他们不会终日长吁短叹、抱怨牢骚、絮絮叨叨，动不动就说"太糟糕了"，沉浸在自怨自艾中无法自拔，对身边的每个人都吹毛求疵，总是怪别人不够"心胸豁达"，害的自己要小心应对。不，这种行为绝对不是应对，而是抱怨，抱怨是永远也解决不了问题的。

面对同事

"我的同事们总是心安理得地违反行为标准，对各种管理规定视若无睹。可是，我也不想成为大家眼中的怪胎，因此总是隐忍不发。我发现，一个人很难和集体对抗。"

危险之处

当你选择违反标准行为做法时，根据违反程度的不同，你会让自己和他人陷入不同级别的风险之中。例如，你是一位护士，看到医生走进重症患儿无菌护理区，不戴手套和口罩就开始对孩子进行检查，这种做法肯定会造成感染。或者，你是一位会计，看到同事为取悦客户而故意违反管理规定，这种行为会误导投资者，甚至让你深陷牢狱之灾。又或者，你是一位员工，看到其他人都不遵守安全生产流程，可没有一个人对此提出质疑，因为大家都在忙着赶工期。

在这些案例中，你的表现就像群体效应实验的对象。当每个人都指鹿为马的时候，你会怎么说呢？你是坚持正确的观点，和整个群体为敌，还是会选择随波逐流呢？

解决方案

对于这种问题，你不愿开口表态是因为你的言论肯定不受欢迎。在你看来，大家是在做容易的事情而不是正确的事情，实际上他们也的确是这样做的。不过，尽管事实确实是这样，如果你选择毫无根据地指责对方，这件事就会变得非常棘手。例如，"我们怎么能忽视生产规定呢？这样的产品要是卖出去，知不知道要害死很多人？"

这番话听上去显得你的觉悟要高人一等，你是感觉不错，可对方就觉得非常刺耳了。没错，这样一来对方或许会按你说的去做，但你并没有意识到自己已经在人际关系中埋下了一颗定时炸弹。对于这种问题，你应当试着从其他角度去了解事件。或许，对方这样做是因为知道一些你并不清楚的情况；或许，他们和你一样感到工作中的压力太大；或许，你的结论太过草率，没有了解到所有的事实经过。当他们这样做时，谁知道他们到底在想些什么呢？

有一点是确定无疑的，如果你自命不凡，觉得只有自己讲良心、最正义，动不动就批评别人这样不对那样不好，这样肯定会变得自以为是，引起别人的反感和抵制。因此，你必须改变自己的主观看法，这样一来你的行为就会自动发生变化。你应当问自己的是，为什么理智正常的人会选择这样去做，而不是盲目地对对方大加指责。

营造安全氛围

启动关键冲突对话时，你应当首先承认人们具有不同的行为动机，然后以人性化的方式去理解对方可能错误的观点。例如，"我知道，要想既快又好地完成检查并不容易。"

然后利用对比法消除对方可能出现的误解："我无意指责你，只是想提出一个问题。我们是不是应该……（说明你的看法），还是这其中有一些我不了解的情况？"

这个句子能有效地消除你的压力。你不必扮演正义警察的角色，不必担任道义或公权意志的化身。你甚至不必拥有正确的观点，你只需表现出好奇心即可，这一点在营造安全感时至关重要。

当面对同事的错误行为时，如果人们都能用这个简单的技巧和对方沟通，他们一定会节省数以亿万计的资金，挽救成千上万的生命以及缓解各种其他形式的痛苦。

面对配偶

"我的先生从来不肯跟我交流。我发现他的问题时，他要么说不必担心，要么说我理解错了，要么继续看他的电视，对我说稍后再谈。可是，他从来没谈过。"

危险之处

我们在本书前言部分提到过一些调查人员。他们曾对新婚夫妇进行过一项调查，让他们谈谈某个经常会引起争执的话题。调查发现，对于那些再婚的夫妻来说，他们在面对此类话题时会表现出一种共同的行为模式。这些夫妻在讨论中不但不会使用正确的沟通技巧，而且经常出现一方努力解决问题，另一方消极逃避问题的现象。

事实证明，一方试图交流而另一方保持沉默是夫妻关系紧张的重要原因。在这种情况下，双方不但无法有效沟通，这种行为还会堵塞所有解决问题的途径，让情况变得越来越糟。

解决方案

如果对方的行为存在模式问题，你必须通过关键冲突对话的方式积极加以应对。诚然，一次错误行为并不是很大的问题，但如果反复发生形成行为模式就会扼杀你和对方之间的关系。因此，模式问题必须引起重视。

首先，你应该询问能否和对方讨论这个问题，向他们解释这样做有助于强化你们之间的关系。你希望能公开坦率地讨论问题，而你的配偶总是保持沉默，这才是问题的关键。面对这种情况，你必须努力避免把问题归咎于对方的冲动，学会反诘自身，认识到对方的问题可能是你造成的，是你的做法让他们陷入沉默。当人们沉默不语时，往往是因为他们觉得说不过你。如果你遇到的也是这种情况，就必须承认自己有时候非常强势，喜欢在讨论问题时控制对方，或是絮叨不休直至对方举手投降。显而易见，这些都是必须改变的做法。

如果你能把对话过程视为解决对方关注问题的机会，承认自己的做法也是造成问题出现的一部分，那你就能有效地营造安全氛围了。记住，营造安全感永远是展开关键冲突对话的最佳起点。

实现了上面的要求，别急着马上展开对话，你应当在另外一个时机进行沟通，而且由对方做出选择。很多重要的讨论会跑题，其中一个原因是对方还没在情绪上做好应对讨论的准备。例如，你的配偶刚出差回来，你就开始絮叨已经想了好几天的问题。对方还没来得及喘口气，就要被迫应对棘手的新任务，这种沟通效果简直可想而知。因此，你必须谨慎地选择时机，你要和对方讨论的是长期形成的行为模式问题，解决这个问题并不急于一时。

当讨论开始时，你应当说出你的顾虑，试探性地得出对方可能在故意逃避对话的结论。注意，千万不要用指责对方的语气表达你的看法。你可以举出一两个例子，然后说明自己的看法并非空穴来风。最后，你要做的是主动寻找解决方案。出现这种行为模式是不是因为你们的讨论总是以失败告终？有没有什么方式可以保证你们之间的讨论不会演变成争执？你应该怎样做才能让对话进展得更加顺利？努力营造安全氛围，让对方坦率说出感到紧张不安，决定保持沉默的原因。

接下来，你应当和对方一起努力，寻找可以让双方都满意的展开关键冲突对话的方式。比如说，你们的讨论时机是否正确？你们是否等待得太久，以至于对对方产生愤怒感？你必须和对方找出所有影响关键冲突对话的因素，然后想办法逐个加以解决或消除。这样才能改变一方唠叨一方沉默的情况，变成真正意义上的对话。记住，你的目的是要解决问题，而不是"修理"对方。

面对传言

"我的同事总是抱怨，说什么'那个人简直没办法共事''完全不值得信任''从来不肯听从建议'。可是，当你并不了解情况时，对于这些道听途说的话，你该怎么办？"

危险之处

当人们不断向你抱怨某个员工时，你面对的情况非常微妙。你该怎样看待传言呢？如果别人不愿直接说出对这个员工的看法，或是坦言对其评价不高，你是没有理由在二手信息的基础上和那位员工展开关键冲突对话的，这种做法既不公平也于事无补。换句话说，你对问题的了解不足以形成翔实的反馈意见，于是你便和很多人一样开始抱怨，让当事人感到既恼火又困惑。

当然，如果员工抱怨的事情是危险的或违法的，你就必须马上和人力资源部门进行讨论了。

解决方案

形成自己的看法，不要人云亦云。在没有获得第一手资料的情况下，不要把他人的传言当作事实。如果你把别人对某人的观点当作自己的看法，那就等于放弃了主动探寻事实的权利。与此相反，你应当自己观察问题，详细描述事情经过。更重要的是，这样做可以保持独立性。你不必充任他人的传话员，也不必解释这是别人说的，而是完全按照自己发现的事实去解决问题。人们理应面对责难者，同样理应获得具体详细的反馈意见。缺乏主观观察的道听途说既不能解决问题，对当事人来说也不够公平。只有主动搜集事实，做出自己的观察，你才能得出与其他人希望你相信的不一样的结论。

这种情况在家庭生活中也很常见，具体表现为"搬弄是非"现象。对此，上面的方法同样适用。除非安全氛围出现风险，否则你必须自己去了解事实真相，得出属于自己的结论。

面对实情相告

"如果你反馈的意见会让对方崩溃怎么办？我有一个员工，她自认为是世界上最好的作家，每次都请求负责写作工作。实际上，她写的东西非常糟糕，可是，我就是没办法实情相告。"

危险之处

大多数人宁愿自己默默忍受，也不愿说出令他人备受打击的看法。显然，把对方引以自傲的才能评价得一无是处就属于此类情况。正因为这样，很多老板违心地支持能力不佳的员工，面对糟糕的工作结果还要表扬一番。这种错误行为的结果是，他们最后不是自己去收拾烂摊子，就是慢慢习惯对方表现不佳的工作。这两种都不是理想选择。

解决方案

如果你纵容此类自视甚高但能力平庸的员工，其实你并不适合判断对方是否真的胜任工作，因为这样做等于鼓励对方不负责任。对此，在进行关键冲突对话时，你可以首先寻找一个可以改进的领域入手。你可以对他们的主观意愿表示感谢，然后指出你希望在某个方面看到更多改善。换句话说，你希望对方在你指定的方面做出努力，以达到新的能力水平。在此过程中，你应当针对某个具体领域设定明确的、直接的、详细的反馈意见。不要和对方讨论能力问题本身，和他们讨论如何设定新的行为标准。

当对方达到你的期望目标，实现能力改善之后，你可以换一个角度，寻找新的问题加以解决。随着时间的推移，如果对方未能实现能力改善，由于你在讨论内容的过程中始终保持尊重对方，而且不断调整关于对方能力问题的看法，最后你仍可以和对方展开更深层次的关于双方关系问题的讨论。

面对拒不服从

"每次你和犯错的人讨论问题，对方总是发泄不满。可是，鉴于对方的特殊情况，遇到这种问题时你总是拿他没办法。这可怎么办？"

危险之处

这种情况其实并不罕见，很多公司都有消极怠工的员工，他们非常善于要挟领导，这种行为往往让企业很难顺利发展。此类员工对如何做好工作不感兴趣，每次都在工作问题上踢皮球，让周围的人吃尽苦头，让上司无可奈何。他们不是恫吓要动用法律手段维护权利，就是暗示要把问题捅到公司最高管理层，或是利用卑鄙手段陷害他人。对于此类员工，人们经常感到纳闷的是："这种人怎么会长期待在公司？"

解决方案

要想让此类员工承担责任，你应当和人力资源部门协商，一起制订解决方案。选择对方某个无可辩驳的错误行为，必要时，你可以阐明公司对不服从管理、蓄意抵制以及表现低下等行为的处罚规定。明确告诉对方这种行为是无法接受的，而且不会再被容忍。与此同时，你还必须注意自己的方式，要向对方保证你的目的是要帮助对方成功。

此外，你还应当解释员工错误行为可能带来的严重后果，比如说长期从事简单无聊的任务，受到同事的冷落等。小心但明确地告诉对方违反规定可能出现的后果。当然，你必须确保表达方式要恰当，让对方明白你并不希望看到这些后果，但这是保护同事利益和公司利益必须采取的方式。然后，你应当把讨论过程记录下来，对员工行为进行密切观察。如果有员工出现此类问题，你必须立即应对，以尊重对方的方式解决问题，千万不能受到员工的要挟。

面对改变文化

"我们准备改变过去的做法，以前有人违反规定时大家都装作没看见，现在我们必须让人们承担责任。可是，在这种情况下如何改变规定？"

危险之处

很多企业都开始要求员工表现出更高的积极性、团队精神、客服能力等。但不幸的是，尽管管理层努力实现变革，像标语口号、像章徽章、旗帜横幅之类的东西并不能带来企业文化的改变。把工作部门改称为团队并不能真的形成团队意识，告诫孩子不要学你身上的恶习也不能扭转十多年来错误的培养方式给他们带来的负面影响。

解决方案

如果无法明确说明你的期望，长期形成的问题肯定不能得到有效解决。没有明确的期望，你就无权让对方为其并不明了的错误行为负责。这时，你需要面对的是过去的问题，不要针对某个人，你可以说明过去的行为给大家带来的自然结果。例如，过去大家对每个紧急任务都唯命是从，你可以描述这种行为造成的长期性质量下降和严重的成本上升。说明当前结果和过去行为之间的联系之后，你才能建立起道德威信，才能设定新的期望值。

在说明未来变化时，你应当使用明确的、可确认的、可复制的行为进行描述；说明哪些做法可行，哪些做法不可行；研究最佳实践方案；对比过去的做法和现在的要求，然后教导并关注那些特定的行为方式。如果你不清楚自己的目标是什么，肯定没办法设定明确的期望。只有清晰阐述新的期望之后，你才能和违反新行为标准的人展开关键冲突对话。对你来说，这样做不仅仅是一种权利，更是一种责任。

面对擦边球行为

"我的一位员工总是不注意工作细节。可是，也不能说她能力不足，只是她每次都犯这种小错让人很担心她的工作表现。"

危险之处

当人们经常有意无意地在工作中犯下小错误时，这种情况非常考验你能否清晰准确地定位关键冲突对话。例如，"我没有说你不肯跟客户打交道，只是你的做法和态度与我要求的不同。"

像这种模糊做作的表达很难立住脚，对方会觉得你的观点不堪一击。他们会反驳道："我怎么努力也是白费，反正你怎么都不满意。"这下可好，现在成了你的问题，而不是他们的问题了。

解决方案

善于解决此类微妙问题的高手和常人不同的地方在于，他们关注以下三种因素：调查、准备和关联。

首先，你应当搜集数据。和对方进行对话，了解他们对当前工作状况的满意和不满之处。他们有什么失望、渴望和关注的问题？在开展"调查性"对话时，你应当带有探索潜在能力障碍的真诚目的，在此基础上去寻找可行的解决方法。

其次，小心地整理记忆中或观察到的事实根据，这一点正是卓越行为和平庸表现的差异所在，是解决问题的关键。大多数人并不清楚这种差异，以致经常会形成自我感觉良好但毫无实际意义的表达，比方说"态度决定高度"或"要做就做到110%"等。虽然这些建议在说话者看来颇有深意，但对听话者来说往往是一头雾水，甚至会让准备改变行为的人感到羞辱。

因此，你应当扪心自问的是，我到底应该描述哪些行为才能清晰地说明两者之间的区别？例如："我发现每次写完信，你总是略读一下就点击发送。实际上，在发送外部邮件时，我认为至少需要增加三个步骤才行，检查拼写、语法，过上一会儿重读一遍，最后再让可靠的同事从头到尾通读一遍。"

如果没有足够的事先准备工作，对于对方当前表现和模糊的卓越行为目标之间的差距，你是很难做出清晰描述，并帮助对方进行深刻认识的。换句话说，小心谨慎地整理事实是顺利开展关键冲突对话的基本工作。

最后，你必须把准备工作和调查结果联系起来，说明你的建议不但能解决对方的顾虑，而且能帮助他们实现渴望的目标。当你能够建立这种联系时，你的影响力便会显著提升。如果你能证明自己的建议可以帮助对方实现目标，对方很有可能会形成学习和进步的动力。如果你无法做到这一点，那就很难指望他们改善自己的错误表现。

面对超额工作

"我在工作中遇到的最大问题很难公开讨论。老板总是不顾实际情况给我们安排过量的任务，我们还得假装每件事都能完成。可是，如果你敢公开表示不满，肯定会被认为缺乏团队意识。"

危险之处

要想让人们去做很难向他们开口的任务，而且不会给自己惹麻烦，这也是一种技巧。在部队中，这种技巧多年来一直都得到广泛的应用，即入伍不久的士兵可以体罚和教训刚入伍的新兵，这些方式对军官来说是一种严重的罪行，但他们却可以逃避惩罚。如果在工作场合中出现同样的情况，人们也会对同事做出可能让老板面临牢狱之灾的行为。

当管理者未曾声明，未曾制定规定或发布文件要求完成过重的工作量时，企业也会出现这种情况。可是，有谁会说明或形成文件呢？与此相反，企业老板总是提出毫不现实的要求，指望员工们完全接受，顺利完成。尽管管理者可以利用手中的权力迫使人们疯狂加班或是承担过重的工作量，但如果员工默然承受这种非人待遇或是默然面对其他人这样做，那他们自己也是问题出现的部分原因。换句话说，在默然面对老板错误行为的问题上，员工其实是他们的同谋。

新员工谈论关于生活、工作平衡的问题，他们非常清楚如果是在公开场合进行讨论，这样做不只是在质疑老板的做法，更糟糕的是，它表明你要和整个"企业文化"为敌。如果他们胆敢这么做，肯定会被视为"缺乏团队合作意识"。

解决方案

关于这个问题的对话应当从共同目的谈起，你应当直奔主题，讨论关于团队成员的问题。例如，"我想和你讨论一个大家都不愿公开谈论的问题，我的目的是想确保每个人都能为公司做出贡献，实现公司的目标。我想成为一个团队成员，想知道究竟应该怎么做。"

接下来，你应当指出观察到的事实，试探性地提出自己的结论。

"有时候我觉得上级安排的任务根本无法完成，可是看看周围的同事，没有一个人对此表示异议，于是我们只好接受任务。我们很希望有人无法完成自己的任务，这样一来如果他们首先说明问题，我们就不必因为无法按时完成任务惹麻烦了。这就像玩比胆量游戏，谁会成为第一个因为无法完成不可能实现的任务跟老板发生冲突的人呢？我想和你讨论这个问题，或者，是不是只有我一个人有这种观点呢？"

然后，你应当分析所有潜在的、可导致这种现象出现的影响力。不要愤怒地指责对方，你要做的工作是寻找问题的原因。你应当明白的是，聪明人为什么会变傻，在这个问题上外部环境发挥着非常重要的作用。想想看，你和你的同事对彼此都做了些什么？有多少问题是结构性问题？你周围的环境发生了怎样的变化，迫使人们违心地去接受这种令人不快的情况？

这是一个很严重的问题，它给人们造成的压力之大超乎我们的想象。面对严峻的国际竞争、资源的不断减少，人们的工作时间变得越来越长。因此，我们的工作量从适度发展到几乎不可能完成，再发展到天方夜谭。我们正变得工作越来越繁重，压力越来越大，内心越来越虚伪。

结语

在公开讨论这个问题之前，你应当和不同的对象私下先探讨一下。和我们前面讲过的内容有些不同，这种问题并非一对一解决的问题，因为它涉及企业文化，涉及所有人的利益。尽管如此，在准备这个问题的讨论时却是需要一对一进行的。你可以和几位同事进行探讨，看看大家是否和你有同样的顾虑。如果有，请他们坦率说出自己的看法。完成这一步之后，再公开讨论这个问题。

面对重复问题

"我总是不停地面对相同的问题，我的丈夫和孩子从未做出改变。可是，他们的抱怨让我觉得自己是个唠叨鬼，我不喜欢这样。"

危险之处

爱唠叨是重复型问题的家庭版体现方式。在这种情况下，人们总是犯同样的错误。我们虽然讨论了事件本身，但并没有解决隐藏在背后的更大问题，即对方总是在做出承诺，却从未遵守承诺。

解决方案

如果你已经不止一次看到对方把裤子丢得满地都是，把没有用过的盘子放进洗碗机，或是拿着一管牙膏从中间开始挤，那你面对的就是新问题了——这个人没有遵守自己做出的承诺。现在你要面对的是一个十字路口，你可以选择解决模式问题，可以在他们的耳朵旁边唠叨不止，也可以选择得过且过应付下去。

牙膏和水槽里的脏盘子都是制造唠叨的因素，这些现象背后体现的是反复出现的、经常受到斥责的小错误。没人会说："我老婆太唠叨了，每一次我和年轻姑娘搞婚外恋，她都大惊小怪的。"显然，如果是重复发生的严重问题，那肯定是持续不断的大灾难。只有重复发生的小问题，才会让你唠叨不止。所以，你必须明确自己面对的是什么问题。

如果同样的问题多次让你感到困扰，你应当和对方讨论的是模式问题，但前提是这个原始问题值得你这样去做。有时候，有些小错误根本不值得你气恼，像应该从底部还是从中间挤牙膏这个问题就属于这种情况。或许，你应当心胸豁达一点，不要过于斤斤计较这种芝麻般的小事。如果你选择应对当前局面，那就必须向对方说明情况，表示你认为不值得和他们为此事争执。你可以告诉对方，你希望他们不要从中间挤牙膏。但如果他们做不到，你也不会为此唠叨不停，然后想办法忘记这件小事即可。

面对失败关系

"我的同事是一个总爱犯错的人，我们的谈话每次都离不开一个主题——讨论出现的错误。我感觉他已经不听我的话了，每次我一走进房间他就横眉冷对。可是，我该怎样面对这种单向式人际关系呢？"

危险之处

如果除了讨论问题之外和对方无话可谈，这样的人际关系非常紧张，很难营造安全氛围和对方谈论行为表现差异。无论你是否接受，每种人际关系都存在一个引爆点。当你们之间的对话内容几乎全部被关键冲突问题占据时，无论你的主题如何，无论你出于哪种目的，对方早就准备好要撕破脸皮了。最后，你在他们眼中不再具有强制力，而是变成了彻头彻尾的"唠叨鬼"。

解决方案

在轻松的场合和人们打交道，这一点非常重要。实际上，本书作者展开的三项不同研究都表明，对监督管理行为来说，最佳的满意度衡量指标是互动频率。如果你和对方的互动次数很少，而且仅限于对问题的讨论，你在对方心目中的形象肯定是不受欢迎的。可以说，你的每一次关键冲突对话一开始就会出错，对方只是在关注你的立场，他们并不把你当作值得信赖的人。

因此，你要做的是改变自己的行为，寻找更多其他的互动机会。在和对方互动时，你应当放下工作中冷冰冰的一面，以和善亲切的生活形象和对方交往。在本书作者进行的第一项关于领导力的研究中，我们发现了一些令人震惊的结论。在带领外人参观工作区时，那些被高级管理者视为优秀主管的人，会首先介绍他们手下的员工，大大夸奖他们的能力，甚至不厌其烦地介绍员工子女的趣闻，如"凯文的儿子今年考上了海军学院"。显然，他们讨论的话题范围非常广泛，和员工之间形成了真实的、丰满的、基于个人的人际关系。与此相反，那些表现不佳的主管人员只会介绍自己的机器和产品如何先进，把身边的员工当作空气一样视而不见。

由此可见，要想和他人形成更丰富的人际关系，你应当邀请他们去吃饭，不要谈什么公事，只要闲聊就好。经常和对方打交道，聊聊他们感兴趣的内容。当"时机成熟"的时候，别忘了夸奖一下对方出色的工作表现。记住，你要展示的是一个全面的、有血有肉的人，而不是问题处理总管的形象。只有这样，当问题出现时你才能为对方创造良好的解决氛围。

在家庭生活中，如果你无法暂停繁忙的工作安排和孩子一起吃饭，无法和他们共享美好时光，你最后肯定会遭遇家庭危机引爆点。无论对方的错误有多严重，问题出现得多频繁，无论这些情况会引发怎样的关键冲突问题，最终你只会在他们眼中变成缺乏关爱能力，只会唠叨不停的"讨厌鬼"。你的动机只会令人生疑，你利用关键冲突对话施加影响的能力会严重受限。有鉴于此，在家庭生活中千万不要等问题累积到引发危机时再去处理。对方让你失望的次数越多，你想通过建立良好关系的方式来解决问题的难度就越大。

面对行为改变

"我们讨论的是涉及终身的模式问题，可是，我无法确定自己或周围的人能否真正实现变化。毕竟，案例读起来容易，亲自做到要难得多。"

危险之处

的确，面对自己的习惯是一件很容易让人感到泄气的事情。在进行人际互动时，我们的大部分行为都是毫无意识、不假思索地做出的。我们的行为模式总是遵循着写好的"剧本"执行，一成不变，而且高度自动化。在影响自己的子女时，我们也表现出同样简单、缺乏思考能力的应激性举动，机械得就好像在点快餐一样。我们知道自己要说什么，也知道对方会怎样说，甚至连想都不用想就能脱口而出。

你该如何破除这种终身相伴的习惯呢？

同样，回顾过去努力做出改善但最后以失败告终的情况，这些也很容易让我们感到气馁。90% 的人都有过这样的经历，每次减掉几磅的体重结果又出现反弹，如此数次之后我们便不再相信自己做出的承诺："这一次我一定要减肥成功，这一次绝不会像以前一样。"或者，我们总是说要锻炼身体，为此疯狂购买各种健身器材，直到车库里塞满了各种装备，可还是满头大汗地拧不开一个罐头瓶。又或者，我们总是发誓不再吃垃圾食品，可每次经过汉堡店或在去买健康食品的半路上都会忍不住胡吃海塞一通。

正是因为习惯说服自己去做无法持续的短期行为，我们才变成了喜欢自我怀疑的可怜虫，极不情愿地在根本没有终点的道路上徘徊。

那我们该怎样坚持完成计划好的方案呢？

解决方案

值得欣慰的是，本书介绍的内容并无新的理论或任何奇特的观点，我们教授的技巧也不是什么天外绝学。情况顺利的时候，你在各种人际交往中表现得和正常人完全一样。你会主动和对方展开关键冲突对话，努力控制自己的情绪，避免做出愚蠢的行为，恰当得体地解决面前的问题。在这种情况下，你和本书作者研究的问题解决高手并无二致，也能有效地解决他人违反承诺的问题。

因此，你不必做出重大改变，只需一些微小的调整即可，或许只要表现得一如既往就行。更重要的是，你不用改变潜在的、永恒的、所谓"与生俱来"的品质个性。要想改善行为结果，你应当调整自己的思考方式，改变一些具体的行为，仅此而已。你完全不必让自己改头换面，或是做出什么惊世骇俗的改变。

要想让这种思维和行动调整变得更加简单，我们有以下几点建议。首先，你最好能找伙伴一同研究本书，和对方或几个人共享书中的观点。在展开新的未经验证的关键冲突对话时，你们可以设计行动目标，一起进行实践，彼此互相帮助。

其次，无论你是小组学习还是独自学习，必须选择其中一项技巧勤加练习，直到熟练应用之后再选择新的技巧练习。你可以用 10 周时间练习，每周花一个小时，这样足以保证为你带来重要变化。你可以在工作或家庭生活中留出一些时间，专门用来讨论平时不愿触及的问题。最后，你还可以访问网站 www.cruciallearning.com/books 上的补充资料，下载免费内容，观看视频案例，注册成为会员，向我们提出更加具体的问题。只要勤加练习，每周便可掌握一个技巧，最后你一定能够实现改变人生的目标。

加入关键技能沟通社区

感觉你最迫切的问题没有得到解决？不要紧，马上订阅我们的免费电子周刊，提交你的尴尬问题。本书作者会用深刻的见解和活生生的关键冲突对话为你答疑解惑。了解订阅信息请访问 www.cruciallearning.com/books。

关键冲突应对技能自测表

你的问题在哪里

为衡量你的技能水平，了解本书能否最大限度地满足你的需要，请仔细阅读下面的内容，对于符合你的描述选择"是"，不符合你的描述选择"否"。

欲获取以下评估的自测版本，请访问 www.cruciallearning.com/books，可以进一步了解您的家庭、团队和企业是否善于展开关键冲突对话。

明确选择

是　否

☐　☐ 1. 为避免与他人争执，有些问题的讨论我总是能拖多久就拖多久。

☐　☐ 2. 有时候对方让我感到失望或烦恼时，我会当面和他们讨论，结果发现说来说去都是表面现象，根本无法解决实际问题。

☐　☐ 3. 如果我能和别人有效沟通棘手问题又不会引发严重后果，我的生活肯定会改善很多。

☐　☐ 4. 有时候我会劝自己不要惹是非，与其冒险面对棘手问题还不如安于现状。

☐　☐ 5. 有些我非常关注的问题，我发现总是处理不好，以致这种问题会反复出现。

梳理头绪

是　否

☐　☐ 6. 当有人做出卑鄙自私的举动，对此我不屑一顾时，我会安慰自己他们早晚会遭报应。

☐　☐ 7. 当有人违反承诺时，有时候我会急于断定他们这样做是出于何种原因。

☐　☐ 8. 有时候我认为有些人是故意给我制造问题，我会表现得事实就是这样，可实际上并非如此。

☐　☐ 9. 有时候我很想知道自己是否容易发脾气。

☐ ☐ 10. 有时候我会责备别人造成的问题，但结果发现自己其实也有部分责任。

问题描述

是 否

☐ ☐ 11. 有时候我应对问题的方式会让对方受不了，从而表现出抵触情绪和自我防御。

☐ ☐ 12. 有时候我会在公开场合和某人讨论其错误行为问题。

☐ ☐ 13. 有时候我既想坦诚相待又不愿冒犯对方，这种情况下真不知道该怎么办才好。

☐ ☐ 14. 有时在讨论问题时，我总是滔滔不绝，很少倾听对方的看法。

☐ ☐ 15. 在和别人讨论问题时，有时候我发现很难让对方说出内心的想法。

制造动机

是 否

☐ ☐ 16. 我无法鼓励人们做出改变，因为我缺少足够的权力。

☐ ☐ 17. 为了鼓励人们愿意做某些事情，有时我会用不光彩甚至是威胁的手段达到目的。

☐ ☐ 18. 有时候我搞不明白为什么人们不愿做应该做的事情。

□　□ 19. 有时候我很难让对方理解，其实我要求他们做的事是为他们自己好。

□　□ 20. 老实说，我经常打交道的一些人根本就是顽固不化，怎么也无法鼓励他们行动。

简化问题

是　否

□　□ 21. 当有人认为工作太难不愿努力时，我有时会大发雷霆，迫使他们完成任务。

□　□ 22. 当有人无法完成任务时，我会马上提出自己的建议，但对方其实只是想找个机会表达自己的观点。

□　□ 23. 有时候我觉得，帮助对方简化工作的做法是在纵容那些需要完成任务和承担责任的人。

□　□ 24. 有时结束问题讨论之后，我会忘记检查对方是否承诺尽到自己的责任。

□　□ 25. 有时候我询问对方的观点只是想表现得客气一些，实际上我早就有了自己的看法。

灵活关注

是　否

□　□ 26. 和对方讨论问题时，有时候我会转移目标，错过一开始讨论的问题。

□　□ 27. 在进行关键冲突对话时，如果出现新的问题，我往往不知道该怎样解决。

☐　☐ 28. 如果在讨论问题的过程中对方突然表现得很愤怒，我不知道该怎么应对。

☐　☐ 29. 我比较擅长抓住一个问题讨论，但问题是有时候会遗漏对方真正想和我讨论的内容。

☐　☐ 30. 如果有人未能实现承诺，而且没有及时通知我，我往往不去追究他们的责任。

展开行动

是　否

☐　☐ 31. 有时候我虽然解决了问题，但会忘记说明行动计划，即何时由谁做出哪些具体行动。

☐　☐ 32. 有时候我会对别人感到失望，因为他们不明白我到底希望他们怎么做。

☐　☐ 33. 在安排任务时有时我会忘记说明截止日期，总是到最后才吃惊地发现对方无法及时完成。

☐　☐ 34. 我觉得在我的孩子、妻子以及同事中，肯定有人认为我总是对他们指手画脚、吹毛求疵。

☐　☐ 35. 有时候我给别人安排任务，但没有足够的时间做后期检查。

得分说明

统计上述问题中你的回答有几个为"是"，每个问题都代表一个你需要得到帮助的方面，总分说明如下。

26 ～ 35：本书是你的必读之作。

16 ～ 25：你在应对关键冲突方面需要一些帮助。

6 ～ 15：你很擅长应对关键冲突问题。

1 ～ 5：你可以教我们几招了。

章节测评

这个自测表分别对应七个章节，涵盖关键冲突对话的各种应对技巧（每个部分五个问题）。你可以按照各章内容检查自己应对关键冲突问题的能力，把注意力放在那些选择"是"最多的章节，以便更有针对性地解决自己的问题。

六种影响力诊断问题表

六种影响力模型可以帮助我们扩展思路，了解人们为什么会做出特定的行为。通过审视所有六种影响力来源，我们可以突破传统思维模式，把行为原因的分析扩展为动机和能力两个方面，从个人、社会和结构三个层次进行全面考察。

	动机	能力
个人	1 主观意愿	2 客观能动性
社会	3 同伴压力	4 外界帮助
结构	5 奖励与惩罚	6 组织、环境与工具

为帮助大家更好地理解这六种影响力，我们在此提供了一些探索式问题。这些诊断性问题可以帮助大家更好地回答这样的问题："为什么对方会出现表现差异？他们为什么会让我们失望？"

影响力一——自我 + 动机（痛苦与快乐）

对方对当前行为感到快乐，或是发现期望行为令其痛苦。

诊断性问题

- 他们是否喜欢做被要求完成的任务？执行这些任务本身能否为他们带来满足感？
- 他们是否对自己的工作和工作习惯感到自豪？
- 他们要完成的工作是否简单无聊、高度重复、令人生厌，容易导致身心疲惫或是痛苦感受？
- 他们出现错误行为是否因为喜欢这样做？

影响力二——自我 + 能力（长处与短处）

对方不具备执行任务所需的知识或能力，感到更适合做其他工作。

诊断性问题

- 他们是否具备准确全面的信息？

- 他们是否具备完成任务所需的智力条件?
- 他们是否具备完成任务所需的体力条件?
- 他们出现错误行为是否因为只能做到这个程度,无法完成正确行为?

影响力三——他人 + 动机(表扬与压力)

其他人(朋友、家人、同事和上司)会惩罚正确行为,表扬错误行为。

诊断性问题

- 正确的行为是否无法吸引关注,甚至受到来自周围的蔑视?
- 他们是否感受到来自同事的压力和轻视,或者受到教唆而做出错误行为?
- 他们的上司是否对某些任务要求急迫,或者不支持他们的正确做法?
- 忙于完成工作这件事是否让他们和家人或朋友发生争执?
- 我的一些做法是否让他们感到泄气?
- 我是否没有做到鼓励他们正确做事?

影响力四——他人 + 能力（帮助与阻碍）

其他人会导致正确做事变得很难，导致错误行为变得很容易。

诊断性问题

- 其他人是否拒不提供正确行事所需的信息？
- 其他人是否为他们提供正确行事所需的资源？
- 其他人能否在他们需要的时候提供帮助？
- 其他人能否在他们需要的时候提供足够的行动许可或权限？
- 我的一些做法是否限制了他们的成功？
- 我应该提供哪些帮助或资源协助他们简化问题？

影响力五——外部环境 + 动机（奖励与惩罚）

外部奖励机制鼓励错误行为，抵制正确行为。

诊断性问题

- 正确行事是否会让他们付出更高的代价？
- 正确行事是否会让他们丢掉工作？
- 正确行事是否会让他们失去更好的工作、任务或工作条件？

- 错误做法是否会给他们带来更多物质回报，让他们获得升迁，得到更轻松的任务或更好的工作条件？

影响力六——外部环境 + 能力（沟通与障碍）

外部环境、机制、政策、流程、规定以及其他"条件"让他们很难做出正确行为，但能够有效地鼓励错误行为。

诊断性问题

- 他们的任务是不是当前工作的规定内容？
- 他们要面对的政策、规定或流程是否不支持期望行为？
- 他们要面对的官僚体系或环境障碍是否对其产生不利影响？
- 他们是否具备正确行事所需的设备或工具？
- 他们周围的自然环境对正确行事发挥的是积极还是消极影响？
- 他们能否获得正确行事所需的信息，能否获得足够的行为表现反馈？
- 他们的目标和任务优先级是否明确？

当进展顺利时……

关键冲突是为处理表现差异问题专门设计的解决方式。下面我们来看看关于行为表现的另一种可能结果，如果对方的行为达到或者超出你的期望时，你应当对他们做出真诚的表扬。

表扬

表扬在问题解决过程中发挥着非常重要的作用，善于展开关键冲突对话的人总是能很好地在处理问题之后用表扬的方式鼓励对方。因此，只要他们一出现，对方马上就会感到自己受到尊重，觉得自己的价值得到了体现。对这些行为者来说，他们认为问题解决者充分考虑了自己的利益。因为每当问题进展顺利或是公开谈及成功表现时，对方总是对自己大加赞扬。换句话说，只有平时做到经常而诚恳地表扬对方的表现，你才能在讨论关键冲突问题时为对方建立足够的安全感和尊重感，消除对方的排斥心理。

人力资源部门在进行满意度调查时，表扬行为是每年两次备受关注的内容。根据本书作者的调查，每年企业员工抱怨最多的往往是同一个问题，即自己的突出表现得不到表扬和重视，似乎大部分人都错过了这个营造互相尊重氛围的大好机会。为了扭转这种不良趋势，我们有必要了解一些关于表扬行为的不为人知的新观点。

违反直觉的建议

不要吝惜你的表扬

在表扬他人方面，我们总是表现得顾虑重重。如果有人建议我们在表扬他人方面表现得慷慨大方一些，比如说经常性地赞扬员工、爱侣或孩子，我们往往担心这样做有些过分。我们不愿随意表扬他人，认为这样会贬低表扬的价值，让这种行为变得毫无意义。正因为这样，我们总是在一些特殊的场合才表扬他人，如奥运会颁奖仪式、退休庆祝会和葬礼告别等。毕竟，在那种场合下表扬他人才是实至名归。

或许，我们如此吝惜表扬之词，最大的原因在于我们往往会错过表扬他人的机会。换句话说，我们经常忽视细小的积极表现。例如，当孩子们不再打闹时，你没有注意到；当下属每天埋头苦干而且没有捅娄子时，有谁会看得到？实际上，福尔摩斯有一次成功破案，就是因为注意到狗没有叫这个细节，只有小说中虚构的天才才能注意到现场缺少这种噪声。同样，这种宝贵的能力对问题解决者来说也是非常重要的。如果你注意不到问题的消失（即进展顺利的情况），肯定不会对别人做出积极的表扬。

实际上，对于表扬行为，无论我们如何研究、探讨或是抱怨人们对此问题的言行不一，这种情况始终没有好转的原因在于这样一个事实，即整个社会充满了错误的看法，我们的眼中只能看到那些错误的行为。在领导力研究作品中，这种现象被称为例外式管理，即人们只关注和处理那些出问题的事情。在家庭生活中，这种情况被称为生存现象，即在房屋被烧毁之前扑灭火灾。在我们的工作和生活中，每年都有很多人抱怨自己的突出表现得不到肯定。其原因就在于管理者把所有的注意力都放到了问题行为上，完全忽略了对正确行为的关注。

当然，对于打破纪录的重大成就，我们是不会忽视的。经营业绩创下新高，顺利完成重大任务，这些都会吸引所有人的目光。不过，表扬重大成就或杰出表现是理所应当的事，这种表扬并不会让人感到特别真诚，那是你应得的奖励。换句话说，对巨大成就不吝赞誉只是一种锦上添花的行为，并不能满足人们对更多表扬的期望，还不如对日常表现加以肯定这种雪中送炭的行为对他们的激励更直接有效。

为说明这个问题，美国文坛枭雄马克·吐温曾说过，一句真挚的赞扬足以让他多活两个月。那么，作为日常生活中默默表现的英雄，比如对文员、程序员和狱警等这种连一句"谢谢"都很难奢望的人来说，他们每天又需要多少赞誉之辞来激励人生呢？我们应该怎样做才能减少对重大成就的关注，转而获得敏锐观察和表扬细微成绩的能力呢？

对于这种容易忽略正确行为的表现，心理学的解释是图形背景理论。人类的感官系统会把所看到事物反射的光线形成一幅图形，把事物周围的环境忽略为背景。对企业和家庭生活而言，显然问题是我们关注的核心，即图形部分；所有其他方面都是次要的，即背景部分。

埃舍尔（M. C. Escher）是一位著名的错觉图形绘画大师。他的作品经常会混淆图形和背景，让观看者倍感惊奇。比方说，一开始你看到的是一群黑色的鸟，可如果稍微换个角度就会发现图中是一群白色的鸟。如果人类行为的某些方面也能如此易于辨析，而且受到应有的重视，能够让我们轻松发现那些日常工作和生活中的细微成就，我们的生活毫无疑问会变得更加美好。

正如换个角度可以看到全新的图景一样，我们也必须找到一种方式，把长期作为背景的细微成就转变为备受关注的"前景"，学会重视它们，用各种表扬激励它们。试想一下，如果我们的员工、爱侣和孩子能够感觉到我们总是关注他们做出的努力，感觉到我们热情的表扬，这样的生活会有多么巨大的改变！如果我们的企业和家庭非常善于表扬积极行为而不是对其视而不见，这样的情景该是多么鼓舞人心！

要实现如此重大的改变，扭转半个多世纪以来吝惜赞誉的普遍做法，你需要做到以下三点：承诺、标准变化和简单提示。

下面这个场景或许能帮助我们说明问题。唐纳德·彼得森是福特汽车公司前任董事长，我们来看看他在这方面是怎样做的。唐纳德每天都要坐在巨大的办公室里，为同事亲手写下简短、真挚和积极的表扬话语。他说过："每日工作中最重要的十分钟应当用来激励你的同事。"[1]

这就是全球知名跨国企业董事长关注的事。他完全可以把宝贵的时间用来做企业长期规划或战略分析，但是他认为最重要的工作不是这些，而是向身边努力工作的人表达谢意，这就是我们所说的观点变革。作为领导、朋友或父母，如果我们无法认同向他人表达感激之情是一项最为重要的工作，那我们肯定无法克服长期形成的心理模式，无法打破继续关注问题的坏习惯。

彼得森的做法还有另外一个值得称道之处，即坚持亲自向员工写感谢信。如果询问那些收到信件的员工，你会发现这些感谢信中所写的都是简单朴实的话语，毫无矫揉造作的虚饰。他不仅感谢在场上缔造辉煌的员工，也同样感谢那些在场下加油助威和默默提供支持的同事。相比之下，如今常见的表扬行为都存在两个严重的问题，一是必须要有巨大的成就，二是所获的奖励必须匹配这样的成就。毫无疑问，这就导致表扬行为变得既代价不菲又耗费时间。现在，我们应当改变这种陋习了。作为管理者，你应当善于发现和表扬那些细微的成就，重大的成就对方自己也会庆祝。

在这个方面，丈夫们往往表现得很糟糕。当妻子真正需要的只是一句好听的话、一个温柔的抚摸或是一个真诚的笑容时，粗心大意的丈夫常常几个月都不得要领，直到有一天兴高采烈地买回一辆新车，以为这样就能解决问题了。更糟的是，丈夫往往给妻子一些自以为很棒，但并不合对方胃口的礼物。有个非常可笑的例子，一个感觉超级迟钝的丈夫在情人节时给妻子送了一个下水道井盖，因为上面的字母缩写和她的姓名缩写一样（妻子的姓名缩写是 CON，井盖上的字母指的是"纽瓦克市政"）。"哇，这可是我的专用井盖首饰啊，有没有配项链呢？"

还有一点比较容易被忽视，即彼得森坚持每天写感谢信。坚持每天做这件事，他就能形成习惯，无须别人的提醒也能善于发现和表扬他人。相比之下，即使我们能够做到真诚地表扬别人做出的成绩，而且愿意积极发现那些细微的改善，我们往往也会忘记坚持这样做。对我们来说，问题是关注的核心，解决方案是核心之外的背景。要想转变这种根深蒂固的观念和习惯，你应当制定一个时间表，专门用于关注那些正确、积极的行为和表现。你应当每天都留出一些时间去发现细节，去寻找值得表扬的事物，然后将其转化为行动。你可以坐在电脑前，输入朋友或同事的邮箱地址，给他们写一封体贴入微的短信。记住，你的信件内容应当简短，感情必须诚恳真挚。经过一段时间的练习之后，你就能更加自然地应用这种技巧了。

也许有人会说，如果我们关注他人的细微成绩，经常表扬这种表现或是以其他方式表示感谢，是否显得过于软弱、缺乏诚意呢？关于这个问题，我们不妨举个例子来说明。本书其中一位作者每年都会收到某位好友的生日贺卡，上面有他亲手写的祝福话语。作者和这位朋友已经有十多年没有见过面了，但每年的生日贺卡都会准时出现在他的邮箱里，这种感觉非常温馨。这份贺卡是作者从家人之外唯一收到的生日祝福，贺卡中总是带有一张体贴入微的个性化短信。有时候作者会给这位朋友打上一个电话，有时候他只是简单地在电子邮件中回复一句"谢谢"。但无论什么时候，每当他读到贺卡中的内容，想起难忘的友情，露出淡淡的笑容时，都会对这位朋友产生强烈的感激之情。由此可见，那些细微恬淡的感激恰恰是最令人难忘、最难以磨灭的。

可以肯定的是，那位每年都寄送贺卡的朋友，在日历上肯定标记着作者的生日，这就是简单提示；他肯定非常体贴入微，善于为对方思考，这就是承诺；他肯定意识到生日是一个重要的表达关心的机会，这就是标准变化。

私下场合表扬个人，公开场合表扬集体

这个观点也和很多企业的通常做法有所不同。每一次表彰仪式，都是为了让被表彰者尽情享受好友和同事的钦佩和赞赏，这无疑是一件好事。但是有研究表明，如果处理不当，很多人会对被表彰者产生怨恨之情，他们经常会这样想："为什么站在台上接受表彰的不是我？"有鉴于此，你应当在公开场合为团队庆祝成功，在私下场合表扬个人做出的成绩。

关注过程而非结果

这条原则也和人们常见的做法不同。无论团队还是个人，他们往往因为打破纪录，取得重大成就获得表彰。这种做法的危险之处在于，久而久之人们会为了追求更佳的表现不惜违反各种制度和规定，有时甚至会弄虚作假、欺下瞒上。当然，这样说并不表示更高的目标不重要，而是要强调这样一点，即表扬那些坚守正确行为和过程的人更加重要，也更有意义。

例如，在日本东京松下电气公司，一群女服务员荣获公司颁发的总裁金奖，以表彰她们在餐厅用茶方面为公司节省的资金。[2] 这些服务员之所以获奖，是因为她们非常关注每个客人喜欢坐的位置，了解他们饮茶的用量，每次都能为客人倒出适量的茶水。或许，她们为公司节省的资金并不是最多的，至少从长期来看算不上，但她们无疑是最善于坚守行为过程的人，这个奖励对于她们可以说当之无愧。

学会不拘一格

关于如何表扬他人，我们已经进行了不少细致的分析，现在可以来一个大总结了。对很多企业来说，我们表彰员工或团队的方式往往是格式化的，利用每月表彰大会或是年度企业宴会等形式表扬他们的突出表现。但不幸的是，当这些形式成为企业唯一的表扬手段时，人们往往会变得非常麻木，对这种方式不屑一顾。在他们看来，这种做法充其量只是走走过场，让人觉得一点儿都不真诚，表扬方式机械呆板，毫无人情味可言。他们真正需要的是简单、真挚、充满个性化、亲手写出的感谢信，而不是金光闪闪、用机器雕刻出来的冷冰冰的牌匾。后者虽然看起来光鲜，但实际上缺乏诚意。因为不管颁发给任何人，你只需在电脑中改个名字打印即可，这样的表彰又有谁会稀罕呢？

因此，我们建议在正式表彰形式之外，你必须付出十倍的时间和精力对员工做出非正式表扬。你可以给他们写感谢信，在上班的路上和他们打个招呼，给他们送上一份点心或一束鲜花，时刻把"谢谢"挂在口边。总之，你应当努力发现对方做出的积极正确的行为，然后自发、真诚地表达你的感激和赞扬之情。你无须赘言，只需说出对方做了什么，为什么值得表扬，然后附上一句简单的"谢谢"即可。

只有把表扬他人变成一种非正式的、自发的、重要且日常性的企业和家庭行为，你的正式表彰活动才不会流于形式，不会让人感到是在做表面文章。只有把表扬他人变成一种个人风格，你在展开关键冲突对话时才能更轻松地建立起安全、信任和尊重对方的人际关系。

阅读小组讨论问题

　　为帮助大家能定期对本书内容进行讨论，更好地掌握其中的技巧，我们建议各位读者和你的家人、朋友或同事组成讨论小组，对书中内容每周举行一次探讨。下面是我们设计的一些问题，大家可以利用这些问题作为启动小组讨论的话题。

　　欲了解各章讨论问题以及其他小组学习工具，请访问www.cruciallearning.com/books。

1. 在家庭、团队和企业面对的严重的长期问题背后，隐藏着人们不愿讨论或无法正确解决的关键冲突对话。请对此做出个人说明。

2. 你经常会逃避的关键冲突是怎样的？有哪些错误行为你敢于和对方讨论，但处理的结果总是不尽如人意？

3. 在选择是否应当展开关键冲突对话时，人们通常有哪些手段说服自己保持沉默？你经常使用的是哪种手段？如果要打破"不在沉默中爆发，就在沉默中灭亡"的恶习，你认为应该怎么办？

4. 在选择和对方讨论具体问题时，人们往往会犯什么错误？关键冲突对话中的"重复性错误"指的是什么情况？

5. 某人的行为让你感到失望，你认为对方是故意的，准备好好教训他一下。为什么这种做法会让问题变得更糟？

6. 关键冲突对话刚开始的几秒钟为什么至关重要？在描述行为表现差异时人们通常会犯怎样的错误？

7. 人们的行为动机是什么？为什么会有这样的行为动机？在鼓励别人做出某种行为时，位高权重的人往往会犯怎样的错误？

8. 当人们无法实现承诺时，刚上任的新领导或孩子的继父母会犯怎样的错误？当对方无力完成任务时，我们为什么要向他们询问解决问题的办法？我们为什么要帮助别人"简化问题"？

9. 你正在和对方讨论一个问题，这时突然出现了一个新问题，你该怎么办？如果你决定处理新问题，你怎么确定自己没有被对方转移目标？在什么情况下你应当既敏感又灵活？

10. 你认为本书中哪些原则最重要？哪些原则最让你感到吃惊？

11. 你认为本书中哪项技巧最难操作？为什么？怎样才能更娴熟地掌握这项技巧？

12. 在你的讨论小组中，成员之间应当如何帮助对方更好地展开关键冲突对话？

13. 你们如何帮助对方准备或实践非常棘手的关键冲突对话？

14. 你会用哪些方式提醒自己做出最佳表现，特别是在感到烦恼或是准备对别人高谈阔论的情况下该怎么约束自己？

注　释

导言

1. VitalSmarts study: *When Bad Relatives Happen to Good People* (July 2009).

2. VitalSmarts study: *How to Talk Politics with Friends—and Still Have Some Left* (September 2012).

3. VitalSmarts study: *Corporate Untouchables* (September 2006).

4. VitalSmarts study: *Pssst! Your Corporate Initiative Is Dead and You're the Only One Who Doesn't Know* (February 2007).

5. Deborah Tannen, "How to Give Orders Like a Man," *New York Times Magazine* (August 28, 1994): 201–204.

6. Richard P. Feynman, *What Do You Care What Other People Think?* (New York: Bantam Books, 1988), 214–215.

第 1 章

1. Paul Ekman, *Emotions Revealed: Recognizing Faces and Feelings to Improve Communication and Emotional Life* (New York: Henry Holt and Company, 2003).

2. Solomon E. Asch, "Effects of Group Pressure upon the Modification and Distortion of Judgments," in Harold S. Guetzkow, ed., *Groups, Leadership, and Men* (Pittsburgh, PA: Carnegie Press, 1951), 177–190.

3. Stanley Milgram, *Obedience to Authority: An Experimental View* (New York: Harper & Row, 1974).

第 4 章

1. Kurt Lewin, Ron Lippett, and Robert White, "Patterns of Aggressive Behaviour in Experimentally Created 'Social Climates,'" *Journal of Social Psychology* 10 (1939), 271–299.

2. Yuichi Shoda, W. Mischel, and P. K. Peake, "Predicting Adolescent Cognitive and Social Competence from Preschool Delay of Gratification: Identifying Diagnostic Conditions," *Developmental Psychology* 26 (1990), 978–986.

附录 C

1. Fred Bauer, "The Power of a Note," in *Heart at Work: Stories and Strategies for Building Self-Esteem and Reawakening the Soul at Work*, compiled by Jack Canfield and Jacqueline Miller (New York: McGraw-Hill, 1998), 190–194.

2. Masaaki Imai, *Kaizen: The Key to Japan's Competitive Success* (New York: McGraw-Hill, 1986), 19–20, 107.

致　　谢

我们要向 VitalSmarts 团队的 100 多位同事表示感谢，感谢你们对本书所做的无私贡献。我们要感谢的人包括 James Allred、Terry Brown、Mike Carter、Lance Garvin、Jeff Gibbs、Justin Hale、Emily Hoffman、Jeff Johnson、Todd King、Brittney Maxfield、Mary McChesney、John Minert、David Nelson、Stacy Nelson、Rich Rusick、Andy Shimberg、Mindy Waite、Yan Wang、Steve Willis、Mike Wilson、Paul Yoachum 以及 Rob Youngberg。

接下来要感谢的是我们在美国的同事，他们都是非常有天赋的教师和颇有声望的影响者，其中包括 Doug Finton、Ilayne Geller、Tamara Kerr、Richard Lee、Simon Lia、Murray Low、Jim Mahan、Margie Mauldin、Paul McMurray、Jim Munoa、Larry Peters、Shirley Poertner、Mike Quinlan、Kurt Southam、Neil Staker。

最后我们要向世界各地支持本书写作的伙伴和朋友致以谢意，其中包括 Geoff Flemming 和 Grant Donovan（澳大利亚）、Josmar Arrais（巴西）、Jenny Xu（中国）、Hisham El Bakry（埃及）、Cathia Birac 和 Dagmar Doring（法国）、Yogesh Sood

（印度）、Nugroho Supangat（印度尼西亚）、Giovanni Verrecchia（意大利）、V. Sitham（马来西亚）、Sander van Eijnsbergen 和 Willeke Kremer（荷兰）、Marek Choim（波兰）、James Chan（新加坡）、Helene Vermaak 和 Jay Owens（南非）、Ken Gimm（韩国）、Arturo Nicora（瑞士）、TP Lim（泰国）、Grahame Robb 和 Richard Pound（英国）。

VitalSmarts 公司简介

作为一家企业培训和组织表现力领域的创新企业，VitalSmarts 公司的宗旨是帮助团队和企业组织实现它们最为关注的目标。公司利用其获奖培训产品和长达 30 年之久的调查研究结果，成功为《财富》世界 500 强中的 300 多家企业提供过服务，以久经验证的方式帮助它们实现重要的企业变革，为它们带来快速化、可持续和可衡量的行为表现提升。VitalSmarts 公司连续 8 年被《公司》杂志评选为美国成长速度最快的企业，迄今为止已在全球培训过 80 万人。

VitalSmarts 可提供多种培训服务，其中包括作者 4 本畅销书的配套课程。每一种服务课程都注重高效技巧和实用策略，能有效地改善企业表现。VitalSmarts 公司作者已出版 4 本《纽约时报》畅销书，分别是《关键对话》《关键冲突》《影响力大师》《关键改变》。此外，公司还提供网上咨询、调查研究、管理团队开发和演讲等服务。

作 者 简 介

本书作者团队曾出版过 4 本《纽约时报》畅销书，即《关键对话》《关键冲突》《影响力大师》《关键改变》。同时，他们是企业培训和组织表现领域的创新企业 VitalSmarts 公司的联合创始人。

科里·帕特森（Kerry Patterson）著有三部获奖培训作品，曾负责过多个长期行为变化调查研究项目。2004 年，帕特森获得杨百翰大学马里奥特管理学院迪尔奖，以表彰他在组织行为领域的杰出贡献。帕特森在斯坦福大学从事组织行为方面的博士研究工作。

约瑟夫·格雷尼（Joseph Grenny）是一位知名主题演讲师，也是在企业变革研究领域从业 30 多年的资深顾问。此外，他还是非营利组织 Unitus 的共同创始人，该组织致力于帮助世界贫困人口实现经济自立的目标。

戴维·马克斯菲尔德（David Maxfield）是一位优秀的研究学者、顾问和演讲师。他领导的研究项目主要涉及医疗疏忽、安全风险和项目实施领域人类行为的影响。马克斯菲尔德在斯坦福大学获得了心理学博士学位。

罗恩·麦克米兰（Ron McMillan）是一位广受好评的演

讲师兼企业咨询顾问。他是柯维领导力研究中心的创立者之一，曾担任该中心的研发部副总裁。麦克米兰与《财富》世界500强企业中的不少领导合作过，其中既包括一线经理也包括高级总裁。

艾尔·史威茨勒（Al Switzler）是一位著名咨询顾问兼演讲师，为《财富》世界500强中数十家企业提供过服务，主要从事培训和管理指导工作。史威茨勒是密歇根大学行政开发中心的讲师。